열세 살 마리옹,

오지 않는 너를 기다리며

Marion, 13ans pour toujours

by Nora Fraisse

Copyright © Calmann-Lévy, 2015
Korean translation copyrights © 2016, Vision B&P
This Korean edition is published by arrangement with Calmann-Lévy through
Bookmaru Korea literary agency in Seoul.
All rights reserved.

열세 살 마리옹,

오지 않는 너를 기다리며

노라 프레스 지음 | 배영란 옮김

내 딸은 학교 폭력의 피해자입니다

애플북스

Contents

추천의 글 _6

머리말 사랑하는 내 딸, 마리옹에게 _10

1. 영원한 고통의 시작 : "왜 널 혼자 집에 내버려둔 걸까?" _13

2. 풀리지 않는 의혹들 : "넌 절대 그럴 애가 아니야!" _23

3. 마리옹이 남긴 편지 : "더 이상 내 심장이 뛰지 않더라도" _41

4. 학교의 침묵 : "인생 끝난 거 아니지 않습니까?" _57

5. 외로운 사투 : "도대체 왜 자꾸 알려고 하죠?" _75

6. 빨간 장미 꽃다발 : "마리옹이 머릿속에서 떠나질 않아요" _95

7. 문제의 학급, 3학년 C반 : "엄마, 애들이 나 재수 없대!" _113

8. 지옥에서 보낸 사흘 : "내일 학교 가기 무서워!"_133

9. 너에 대한 추억들 : "너는 정말 용기 있는 아이였어"_149

10. 알 수 없는 묘한 기류 : "왜 다들 꺼리시는 거죠?"_169

11. 끝없는 죄책감 : "괜한 루머에 휘말리지 마시고……"_189

12. 매정한 언론 매체들 : "우리도 맘 좀 편히 살고 싶다!"_211

13. 학교 밖으로 끄집어낸 이야기 : "지금부터는 엄마의 싸움이야!"_227

14. 폭력 없는 학교 만들기 : "손을 내밀어요"_257

맺음말 클라리스와 밥티스트에게 _280

에필로그 _283

감사의 말 _284

얼마 전, 소셜네트워크서비스(SNS)상에서 친구들로부터 괴롭힘을 당하던 한 중학생이 스스로 목숨을 끊는 사건이 발생해 사회적으로 큰 이슈가 되었다.

최근에는 모바일 메신저나 SNS를 사용하는 학생들이 늘면서 학교 폭력의 양상도 많이 달라졌는데, 물리적 폭력보다는 정서적·심리적으로 학생들을 괴롭히는 언어폭력, 집단 따돌림, 사이버 폭력 등이 많아졌다. 특히 집단 따돌림은 은밀하게 지속적으로 진행되어 피해가 더 크다. 피해 학생은 이루 말할 수 없는 정신적인 고통에 시달리다가 자살이라는 극단적인 선택을 하기도 한다.

이 책의 주인공인 열세 살 마리옹 역시 집단 따돌림의 피해자로, 극심한 고통을 이기지 못하고 스스로 목숨을 끊는 비극을 저질렀다. 집단 따돌림 같은 정신적 폭력은 신체에 직접적으로 가해지는 폭력과 달리 눈에 잘 띄지 않기에 보다 면밀한 관찰이 필요하다. 그러나 마리옹의 사례에서도 봤듯이 이를 찾아내 해결책을 제시하기란 쉽지가 않다.

더욱이 우리 사회는 아직도 학교 내 괴롭힘 문제를 그저 아이들 간의 사소한 장난 정도로 치부하는 경향이 있다. 아직 가치관이 제대로 성립되지 않은 일부 청소년들은 아무런 죄책감도 없이 친구에게 폭력을 행사하는데, 이때 아무런 제재도 받지 않으면 그 폭력의 강도는 더욱 높아진다. 괴롭힘을 당한 학생은 대개 보복이 두려워 피해 사실을 함구하는 편이다. 설령 용기를 내어 입을 열더라도 돌아오는 건 무관심과 무대책. 별 뾰족한 수가 없으니 결국 침묵을 선택하게 되는 것이다. 그 침묵이 누군가를 죽음에 이르게 할 수 있음을 우리는 이 책을 통해 깨닫게 된다.

그동안 노르웨이, 핀란드 같은 유럽 나라들의 학교 폭력 실태와 대처 노력이 우리나라에 소개된 적은 있지만 이 책처럼 피해자의 어머니가 직접 들려주는 이야기는 거의 없었다. 이 책은 마리옹의 어머니가 진실을 밝혀가는 과정과 그 과정에서 느낀 고통, 학교 안의 현실 및 언론의 대처 모습 등을 소상히 밝히고 있다. 프랑스에서 발생한 집단 따돌림의 실태를 살펴볼 수 있는 좋은 기회가 되리라 생각한다.

그동안 우리나라는 학교 폭력을 근절하기 위해 많은 노력을 기울여왔다. 2004년 제정된 '학교 폭력 예방 및 대책에 관한 법률'과 동 시행령을 시작으로 2014년 12월에는 '제3차 학교 폭력 예방 및 대책 기본계획(2015~2019)'을 수립해 발표하였고, 2015년 8월에는 '초등학생 맞춤형 학교 폭력 대책'을 추진하는 등 학교 폭력으로부터 우리 아이들을 보호하려는 노력은 지금도 계속되고 있다. 이처럼 정부의 적극적인 정책 추진과 학교 폭력에 대한 사회적 관심의 증가로 학교 폭력은 지속적으로 감소되는 추세다. 그렇다고 안심해서는 안 된다. 학교 폭력 문제는 여전히 우리 사회가 끊임없이 관심을 갖고 해결해야 할 숙제로 남아 있기 때문이다.

마리옹의 이야기는 우리에게 많은 시사점을 던져준다. 우리는 이 책을 통해 학생들에게는 학교 폭력의 위험성을 상기시키고, 학부모와 선생님에게는 지속적인 관심으로 아이들을 지켜봐야 함을 인지시키며, 교육 관계자들에게는 좀 더 실질적인 학교 폭력 예방 정책 수립의 필요성을 일깨워줄 수 있을 것이다.

학교 폭력으로 딸을 잃은 엄마의 슬픔, 학교 폭력에 침묵하는 학교를 향한 분노, 그리고 뻔뻔한 가해자들 앞에서 아무것도 할 수 없는 답답함……, 이처럼 생생한 심리 묘사는 많은 독자들의 심금을 울릴 것이다. 청소년을 자식으로 둔 부모는 물론이고 마리옹 또래의 학생들, 학교 선생님, 교육 관계자들이 이 책을 통해 아이들이 겪고 있을 학교 폭력의 현실을 다시 한 번 생각해 볼 수 있는 계기가 되기를 바란다.

한국교육개발원 학교폭력예방연구지원센터 소장

박효정

사랑하는 내 딸, 마리옹에게

사랑하는 내 딸 마리옹, 2013년 2월 13일 너는 우리 곁을 떠났어. 열세 살의 나이에 네 방에서 머플러에 목을 매달고 스스로 목숨을 끊었더랬지.

높은 벙커 침대에 매달린 채 아래로 늘어뜨려진 네 휴대폰도 보였어. 학교에서 수많은 모욕과 협박으로 널 괴롭히던 아이들과 더 이상 연락하지 않겠다는 상징적인 의미였는지, 휴대폰도 너처럼 그렇게 줄에 매달려 있었어.

엄마는 네 죽음을 애도하고, 네가 우리와 함께하지 못하게 된 미래에 대한 그리움을 이야기하기 위해 이 책을 쓰기로 했어.

또 네 죽음이 헛되지 않도록, 다시는 너 같은 피해자를 자식으로 둔 부모가 나오지 않도록, 그리고 너를 못살게 괴롭힌 가해자의 부모가 생기지 않도록 이 책을 써. 이 책을 계기로 학교도 조금 더 귀를 열고 주의를 기울여줄 수 있었으면 해. 그리고 고통 받는 아이들을 따뜻하게 보살펴줄 수 있었으면 해.

이 책을 읽고 많은 사람들이 '학교에서의 괴롭힘'이라는 문제를 좀 더 진지하게 생각해줬으면 좋겠어.

그리고 다시는 그 어떤 아이도 자신의 휴대폰을 교수형에 처하고 싶어하지 않기를, 절대 스스로 목숨을 끊고 싶다는 생각을 하지 않기를 바라며 네 이야기를 세상에 알리기로 했다.

일러두기

1) 프랑스의 학제는 초등학교 과정 5년, 중학교 과정 4년, 고등학교 과정 3년으로 이루어져 있다. 본문에서 이야기하는 중학교 3학년은 우리나라 학제를 고려하면 중학교 2학년에 해당함을 밝힌다.

2) 프랑스의 나이 체계는 우리로 치면 '만 나이'를 뜻한다. 프랑스에서 열세 살은 우리로 치면 열네 살, 혹은 (생일에 따라서는) 열다섯 살이 된다. 따라서 마리옹의 나이는 우리나라 1~2학년 중학생의 나이로 보면 된다. 국내식으로 표기하자면 번역 과정에서 다소 복잡해질 우려가 있어 원서의 나이 체계를 그대로 따르기로 한다.

3) 참고로 프랑스의 신학기는 9월에 시작하며, 한 해의 학사 일정은 매년 6월에 끝난다. 따라서 본문 중 '신학기'라고 나오는 부분은 9월 개학 시즌을 의미한다.

4) 프랑스의 점수 체계는 100점 만점이 아닌 20점 만점이다. 점수가 그리 후한 편은 아니기 때문에 10점 이상만 받아도 그럭저럭 잘 받은 점수에 해당하며, 15점 이상은 상당히 잘한 점수로 보면 된다.

5) 각주 내용 중 '옮긴이' 표시가 없는 것은 원서에서 저자가 남긴 각주다.

1

영원한 고통의 시작

**"왜 널 혼자 집에
내버려둔 걸까?"**

마리옹, 그날 아침 너는 책상 위 벙커 침대에서 잠들어 있었어. 네 이마를 만져보니 열은 좀 떨어진 것 같더구나. "좀 나아졌네." 이렇게 말했지만, 알고 보니 네 상태는 조금도 괜찮아지지 않았어.

전날, 너는 학교를 조퇴하고 일찍 돌아왔지. 오후 1시 15분쯤 할머니가 학교에 가서 널 데리고 오셨으니까. 감기라도 걸렸는지 너는 몸 상태가 별로 좋지 않아 보였어. 네가 목이 아프다고 투덜대기에 나는 약 먹고 안방에서 좀 쉬라고 권했었지. 저녁때 네 볼이 발그레 달아올라서 약 한 봉지를 더 먹였고, 그 뒤 다 같이 저녁식사를 했지. 그런 다음 곧장 넌 네 방으로 들어갔어. 그 상황이 딱히 이상하진 않았어. 몸이 안 좋으면 다들 으레 그러니까.

다음 날 아침, 학교에 가야 하는데도 너는 좀체 자리에서 일어나지 못하더구나. 그래서 난 네가 몸이 안 좋아서 학교에 못 갈 것 같다고 미리 연락을 해두었지. 11시쯤, 너는 아무렇지 않다는 듯 내려와서 점심을 먹었어. 말은 별로 없었는데, 잠에서 깬 다음에는 늘 그랬으니까 대수롭지 않게 여겼지. 다만, 뭔가를 깊이 생각하는 듯한 그날의 네 눈빛은 평생 잊을 수 없을 것 같구나. 네 얼굴만 봐서는 그 당시 네가 겪고 있던 일들을 전혀 짐작조차 할 수 없었지만 어두운 그 눈빛만은 심상치가 않았어. 그러나 자식을 사랑하는 순진한 부모였던 나는 괜한 상상력은 발휘하지 않은 채 그저 대수롭지 않게 넘겨버리려 했어.

매주 수요일은 엄마가 출근하지 않는 날이야. 엄마 혼자서 너희 셋을 돌보는 날이지. 엄마는 마리옹 네가 열세 살이라 이제 네 앞가림 정도는 스스로 하겠지 생각했어. 너도 엄마랑 같은 생각이었고, 엄마는 네 듬직함을 믿었지. 하지만 아홉 살인 네 여동생 클라리스와 이제 막 18개월이 된 네 남동생 밥티스트는 아직 엄마의 손길이 필요한 아이들이었어.

모처럼 집에 있는 날이라 쓰레기 분리수거도 해야 했고 할 일이 한두 개가 아니었지. 게다가 작아서 못 입게 된 너희 옷들을 자이아 아줌마한테 주기로 해서 거기도 다녀와야 했어. 자이

아 아줌마처럼 애가 넷이나 되는 집은 이렇게 주위에서 갖다 주는 옷들이 꽤 유용한 법이거든. 그래서 나는 서둘러 네 방에 가서 엄마가 잠시 집에 없을 거라고, 자이아 아줌마네 갔다가 금방 다시 올 거라는 말을 남기고 나왔지. 그 시간 동안 그 엄청난 일들이 벌어질 줄은 꿈에도 생각지 못했어.

그때 너는 어두컴컴한 방 안에서 침대에 누워 있었어. 나는 너무 어두운 데 있으면 안 된다고 한숨을 쉬면서 지붕창 블라인드를 열어젖혔지. 그러고는 피곤한 기색으로 실눈을 뜨고 있는 네게 집전화기를 가져다주면서 무슨 일 생기면 엄마한테 전화하라고 일렀어. 그 뒤 현관문을 잠그고 밖으로 나온 엄마는 바보같이 집 안에 도둑 들 걱정밖에 안 했단다. 엄마들은 말이야, 마리옹. 늘 최악의 상황을 생각하면서 스스로의 불안감을 떨쳐내려 해. 교통사고가 나면 어쩌나, 병에 걸리면 어쩌나, 강도가 들이닥치면 어쩌나 항상 노심초사인데, 정작 최악의 상황은 그런 게 아니었더구나. 하지만 너를 죽음의 문턱으로 몰아간 그 끔찍한 고통을, 엄마가 어떻게 상상할 수 있었겠니?

2013년 2월 13일 수요일, 엄마에게 최악의 상황이 벌어졌어. 분리수거를 마친 뒤, 엄마는 차로 10분 거리에 있는 자이아 아줌마 집에 갔어. 때마침 아이들에게 점심을 먹이던 자이아 아줌마는 접시 두 개를 더 내놓고 네 동생들 식사까지 챙겨주셨지.

엄마랑 아줌마는 휴대폰과 페이스북에 대한 이야기를 나누었어. 엄마는 페이스북의 문제점들을 늘어놓고, 지난달 네 휴대폰의 문자 폭탄에 대해서도 얘기했지. 1월 한 달 동안 네가 쓴 문자가 무려 3천 통이었어. 엄마로선 도무지 이해가 안 되는 상황이었지.

그때 문득 침대 위에 혼자 널브러져 있던 네가 떠올랐어. 그리고 동시에 9일 전, 네 휴대폰에서 우리가 같이 봤던 그 끔찍한 내용의 문자 메시지가 생각났어. 내가 휴대폰 비밀번호를 묻자 당황한 너는 두 손에 휴대폰을 꼭 쥔 채 엄마한테 건네주지 않으려 했지. 갑자기 너와 대화를 좀 해야겠다는 생각이 들었어. 또 네 상태가 어떤지 확인해보고 싶어졌어. 네가 그 높은 침대에서 떨어졌으면 어떡하니? 혹시 욕실에서 미끄러졌으면 어떡해? 그런데 네 휴대폰으로 아무리 전화를 해봐도 안 받더구나. 집전화도 마찬가지였어.

갑자기 하늘이 노래지면서 아찔한 생각이 들었어. 엄마는 서둘러 네 동생들을 차에 태우고 미친 듯이 집으로 달려갔지. 오후 1시도 채 안 되었을 때야. 무언가 불길한 예감에 사로잡힌 엄마는 운전을 하면서도 미친 여자처럼 계속 집으로 전화를 걸어댔어. 집 앞에 도착해서는 시동도 끄지 않은 채 아이들을 차에 두고 현관으로 달려갔단다. 문은 엄마가 잘 잠가둔 채로 굳게 닫혀 있었어. 그러자 마음이 좀 놓이더구나. 집 안으로 들어간 엄마는 네 이름을 계속 불러댔지만, 아무런 대답도 들리지 않은 채 집 안엔 적막만이 가득했지.

엄마는 성큼성큼 계단을 올라가 2층을 살펴봤어. 욕실엔 아무도 없었어. 네 방문은 닫혀 있었는데, 문을 열려고 해봤지만 안에서 무언가가 문을 밀고 있는지 잘 열리지 않더구나. 나는 네 공간으로 엄마가 들어오지 못하게끔 네가 방 안쪽에서 문을 막고 있는 거라고 생각했어. 하지만 좀 더 힘을 주어 밀어보니 네 책상 의자가 문을 막고 있는 거였어. 엄마에겐 그 몇 초의 순간이 영원처럼 느껴졌었단다. 조금 더 힘줘서 간신히 들어갈 틈을 만들고 나서야 네 모습이 보였지.

높은 침대에 목이 매달려 있던 너를 본 엄마는 비명을 지르면서 눈물범벅이 되어 네 곁으로 달려갔지. 서둘러 너를 들어 올리고 머플러를 풀어보려 했지만 소용없는 일이었어. 네 목에 감긴 머플러는 엄마 힘으로는 풀 수가 없었단다. 욕실에 있던 가위로 네 목을 조이던 머플러를 자르고 나서야 네가 바닥으로 떨어졌어. 너를 깨워보려고 따귀를 때리자 의식이 돌아온 것 같더구나. 엄마는 네게 인공호흡을 한 뒤 서둘러 응급구조대에 신고를 했어. 그런데 구조내가 엉뚱하게 다른 동네 쪽으로 가고 있다고 해서 우리 집은 그쪽이 아니라 보그리뉴즈 쪽이라고 소리쳤지. 하도 울어대서 거의 숨이 막힐 지경이었어. 구조대가 전화로 알려주는 대로 네게 심장 마사지를 해주었더니 네가 구토를 하더구나. 기도가 막힐까봐 잠시 너를 모로 뉘인 뒤, 다시 심장 마사지를 했어. 일어나, 얼른 일어나, 마리옹. 눈을 떠봐. 엄마는 간절히 애원하며 너를 깨워보려 안간힘을 썼단다.

네 동생들은 여전히 시동이 켜진 차 안에 자기들끼리만 있는 상태였고, 구급대원들은 여전히 길을 찾지 못한 채 동네를 헤매고 있었어. 엄마는 계속 네게 심장 마사지를 해주면서 아빠한테도 얼른 퇴근하고 집에 돌아오라고 했지. 아빠한테는 일단 집에 일이 좀 생겼으니 서둘러 조퇴하고 들어오라고만 얘기했어.

이윽고 구급대원 한 명이 도착해서는 내게 우리 집 강아지 바니유를 데리고 나가 있으라고 하더구나. 엄마는 다른 가족들과 친구들에게도 전화를 걸어 이 사실을 알렸고, 엄마의 제일 친한 친구한테도 전화로 상황을 얘기했지. 걱정스러운 마음에 무슨 일인지 알아보려 서둘러 달려온 자이아 아줌마가 밥티스트를 잠시 돌봐주기로 했고, 엄마의 또 다른 절친한 친구인 미리암 아줌마는 발 빠르게 달려와서 클라리스를 데려가주었단다. 네 동생 클라리스에게는 "언니가 좀 아파"라고만 했어. 경찰들이 집으로 찾아왔고, 시장도 집에 찾아왔더구나.

엄마는 스스로를 죽도록 욕하고 원망했단다. 너를 혼자 두

1_ 영원한 고통의 시작

는 게 아니었는데, 너 혼자 집에 두고 자이아 아줌마한테 가는 게 아니었는데, 클라리스와 밥티스트가 그 집 애들과 밥 먹는 걸 보면서 어영부영하는 게 아니었는데, 자이아 아줌마랑 수다를 떠는 게 아니었는데, 네가 암울한 생각들을 다 떨쳐버릴 수 있을 때까지 너를 내 품에 안고 달래줬어야 했는데…… 엄마는 너를 그렇게 방치해둔 스스로에 대한 죄책감에 사로잡혀 후회하고 또 후회했단다. 대체 왜 내가 집을 나간 거지? 왜 엄마가 널 혼자 집에 내버려둔 걸까? 왜 엄마는 아무것도 몰랐을까? 너는 왜 내게 아무 말도 안 해줬지? 너는 왜, 그리고 나는 왜, 우리는 왜 이렇게 된 걸까?

아빠가 집에 오고 난 뒤 오후 2시 30분쯤, 네가 우리 곁을 떠났다는 얘기를 들었어. "유서가 있나요?" "아뇨, 없습니다." 경찰은 네가 남긴 유서 같은 건 없다고 했어. 망연자실한 우리는 거의 넋을 잃은 상태였지. 마치 우리를 현실과 이어주던 줄 하나가 갑자기 끊긴 듯한 느낌이었어. 이건 분명 악몽이라고, 끔찍한 영화 속에서 헤매고 있는 거라고, 그렇게 믿고 싶었단다. 친구들이 와서 우리를 다독여주고, 먹을 것을 챙겨주고, 빨래도 해주고, 멍한 상태에서 정신을 차리지 못하는 우리를 도와주었지. 그렇게 우리 삶이 무너진 그날을 기점으로 우리 집은 많은 게 달라졌어. 삶은 고통과 아픔의 연속이었고, 무엇보다도 이제 우리에겐 마리옹, 네가 없어.

이제 우리 가족은 다섯이 아닌 넷이 됐어. 넷으로서의 삶을 다시 꾸려가야 했지. 네 동생들, 클라리스와 밥티스트에게도 물론 소중하고 아름다운 나날들을 만들어줄 거야. 하지만 마리옹, 우리 곁엔 이제 네가 없어. 네가 없는 삶을 어떻게 받아들일 수 있을까? 네가 세상을 떠난 그날은 우리에겐 영원한 고통의 시작이었어.

2

풀리지 않는 의혹들

**"넌 절대
그럴 애가 아니야!"**

도대체 네가 왜 그런 선택을 해야
했는지, 도통 이유를 알 수 없었던 우리는 계속해서 안개 속을
헤매는 기분이었단다. 너는 삶에 대한 불평을 늘어놓은 적도 없
었고, 좌절하거나 상심한 적도 없었어. 벼랑 끝에 몰린 적도 없
었던 네가 왜 그런 극단적인 선택을 할 수밖에 없었는지, 너는
우리에게 언질조차 해주지 않았잖아. 정말 너는 그렇게 네 삶을
끝내고 싶었니?

그날 오후, 우리도 네가 잠시나마 죽고 싶다는 충동에 사로잡
혔을 수는 있다고 생각했어. 너는 멈춰달라고 소리를 친 것뿐이
라고, 그저 엄마가 얼른 와서 널 구해주길 바랐던 것이라고, 그
렇게 생각했지. 머플러를 목에 감으면서 어쩌면 너는 머플러가
끊어질 수도 있다고 생각했을지도 몰라. 그래, 네 죽음은 사고였

어. 한순간의 방황이 그렇게 사고로 이어진 것이라고, 너는 그렇게 뒤도 돌아보지 않고 우리 곁을 떠날 생각이 아니었다고, 인사 한마디 남기지 않은 채 그렇게 가버릴 작정이 아니었다고, 그렇게 생각했지.

마리옹, 너는 별 일 없이 잘 지내고 있었잖아. 기억해봐, 너는 분명 아무 문제가 없었다고. 예쁘고 착하고 학교에선 모범생에 집에서도 손이 별로 가지 않는 착한 아이였는데, 도대체 왜? 열흘 전만 해도 네 아빠랑 나는 너 같이 좋은 딸을 둬서 얼마나 행복한지 모르겠다며 좋아했었는데, 도대체 왜 네가 우리 곁을 떠난 거니?

생각해보니 네가 세상을 떠난 그날은 밸런타인데이 전날이더구나. 문득 한 가지 사실이 뇌리를 스치고 지나갔어. 혹시 네가 실연의 아픔 때문에 죽은 건 아닐까? 그런 거니, 마리옹? 네가 좋아하던 로맹이 네 곁을 떠나서, 차라리 죽는 게 더 낫겠다고 생각했던 거야? 열세 살의 나이라면, 그래, 남자애의 눈빛을 보고 영원한 사랑을 믿을 수도 있기는 해.

하지만 마리옹, 넌 그럴 애가 아니야. 넌 그렇게 어리석은 애가 아니었어. 분명 로맹이 무언가 나쁘게 굴었던 게 분명해. 너한테 수없이 끔찍한 말들을 퍼부었을 거야. 그렇지 않고서야 네가 스스로 네 삶을 끝내지는 않았겠지. 만일 로맹이 너에게 다

정히 대해줬더라면, 너는 관계의 새로운 장을 열었을 수도 있었겠지. 확실히 넌 로맹을 너무도 좋아하고 있었어. 그래서 네가 떠난 그날, 우린 로맹이란 그 아이가 너무도 원망스러웠단다.

네가 세상을 떠나기 이틀 전이었던 11일 월요일, 너는 나한테 로맹에 대한 이야기를 해주었지. 로맹이 감정 표현을 좀 더 해주었으면 좋겠다고, 친구들 앞에서 좀 더 상냥하게 대해주었으면 좋겠다고 했었어.

그때 엄마는 널 안심시켜주려고 "마리옹, 그 애는 널 좋아해. 하지만 남자애들은 무리지어 다닐 때에는 상당히 거칠고 무심해지게 마련이야"라고 말했었지. 우리가 일전에 함께 불렀던 가수 자지(Zazie)의 노래 〈나는 남자다(Je suis un homme)〉의 가사처럼 말이야. 그러고는 함께 웃었잖아. "그러지마, 마리옹. 모든 게 다 잘 풀릴 거야. 네가 느끼는 걸 로맹한테 말하렴. 하지만 조심해. 너 역시 네 친구들과 함께 있을 때에는 여자들끼리의 농담에 치우쳐서 로맹을 잠시 잊어버릴지도 몰라. 로맹도 자기 친구들과 함께 있을 땐 괜히 더 우쭐대겠지. 하지만 너희 두 사람이 함께 할 때는 분명 다를 거야." 그러면서 엄마는 "남자들은 늘 그런 식이야. 예전에도 그랬고, 앞으로도 그럴 거야"라며 거듭 강조했었지. 그날 엄마는 분명 그렇게 생각했어, 마리옹. 네가 세상을 떠나기 전인 2월 11일에는 말이야.

울먹이면서 엄마 품에 안긴 너는 "고마워, 엄마. 기분이 좀 나아졌어"라고 말했지. 덩치는 엄마보다 더 커갖고는. 그러고는 "울고 나니까 기분이 풀려요"라며 덧붙였지. 그날 밤만 해도 네가 느꼈을 고통이 어느 정도였는지 난 감히 상상도 못 했단다.

네가 죽고 나서 몇 시간 후, 그날의 대화가 불현듯 떠올랐어. 그래, 네가 죽던 그날은 연인들의 축제인 2월 14일 밸런타인데이 하루 전날이었지. 중학교 3학년짜리 남자애의 마음을 더는 붙들어놓지 못하게 된 소녀는 자신이 꿈꾸던 밸런타인데이를 보내지 못하게 된 현실을 용납할 수 없었던 거야. 그게 사실이라면 마리옹, 넌 대체 얼마나 어리석은 짓을 한 거니?

우리는 경찰한테 다시 한 번 물었어. 네가 남긴 유서 같은 게 있냐고. 경찰은 만일 유서가 발견된다면 단언컨대 우리에게 제일 먼저 그 사실을 알려주겠노라고 장담했지. 경찰은 IT 기기와 네 휴대폰을 들고 갔어. 우리에게는 정신과 상담을 제안했지만, 지금 상황에서 상담을 받은들 뭐가 더 얼마나 나아질까 싶었어.

마리옹, 우리에게 필요한 건 상담이 아니었어. 우리가 하루빨리 알고 싶었던 건 네 죽음을 둘러싼 진실이었어. 갑작스런 네 죽음을 설명해줄 무언가가 필요했거든. 열세 살밖에 안 된 네가 무엇 때문에 그토록 힘들어했는지, 더 없이 예쁜 우리 딸이 왜 그런 일을 벌인 건지 알고 싶었어.

2 _ 풀리지 않는 의혹들

그날 저녁, 우리는 잘 정돈돼 있던 네 방을 마치 정신 나간 도둑처럼 뒤졌어. 궁금해서 도저히 참을 수가 없었고, 뭐 하나 단서라도 찾아내고 싶어서 안달이 나 있었지.

그러다가 네 핸드백 안에서 열쇠와 자물쇠 하나를 찾아냈단다. 아마도 학교의 네 사물함에서 쓰던 것 같았어. 지난 12월, 엄마가 새 가방을 하나 사준 뒤로는 더 이상 쓰지 않던 핸드백 같았어. 네가 들고 다니던 가방 안은 내용물로 꽉 차 있었는데, 꼼꼼한 네 습관대로 차곡차곡 정리가 잘돼 있더구나. 공책, 필통 모두 제자리에 깔끔히 정리돼 있었어. 안쪽을 뒤지다가 네 생활 기록 수첩*을 보게 됐는데, 수첩이 하나가 아닌 두 개더구나.

우리는 이 두 개의 생활 기록 수첩을 유심히 살펴봤단다. 흥분이 가라앉지 않은 상태에서 첫 번째 생활 기록 수첩을 열어봤는데, 그건 분명 우리가 알고 있는 수첩이었어. 네가 먼젓번 생활 기록 수첩을 잃어버린 후 우리에게 가져와서 새로 서명을 받아갔던 그 수첩이었지. 아무런 문제도 없는 모범적인 한 여학생의 생활 기록 수첩이었어.

이어서 우리는 격앙된 상태에서 두 번째 생활 기록 수첩을

열어봤어. 그건 바로 네가 지난 1월에 잃어버렸다던 그 생활 기록 수첩이었어. 그러니까 너는 우리에게 거짓말을 했던 거야, 마리옹.

우리는 숨도 쉬지 않은 채 선생님이 적어놓은 글을 확인했단다. 네가 우리에게 감추고자 했던 그 내용들을 빠짐없이 읽어 내려갔어. 거기엔 지난 12월부터 네가 한 행동들이 적혀 있더구나. 시끄럽게 떠들고, 무단 지각도 여러 차례 했고, 쉬는 시간엔 말썽도 피웠더구나. 이 내용에 대한 학부모 사인은 네가 임의로 아빠 대신 해놓았고. 보통 네 수첩에 사인하는 사람은 엄마였는데도 말이야.

그 순간 네가 생활 기록 수첩을 잃어버렸다고 말한 날의 기억이 떠올랐어. 2012년 11월쯤이었을 거야. 최소한 12월은 아니었어. 우리는 함께 이 수첩을 찾느라 온 집안을 뒤졌어. 나는 "어딘가 있겠지. 곧 찾을 거야"하며 대수롭지 않게 여겼는데, 너는 무척 걱정하는 표정을 지었어. "수첩이 없으면 학교에 사유를 대야 하는데, 뭐라고 말해?" "그냥 잃어버렸다고 해. 수첩이 얼만데?" "2유로 정도?" "네가 잃어버렸으니까 새 수첩은 네 돈으로 사." 그 뒤 나는 분실해서 새 수첩을 쓰게 됐다는 내용에 서명만 해주면 그만이었어. "수첩 새로 사게 해줘서 고마워, 엄마." 그때 엄마는 별일도 아니라고 생각했어. 엄마도 종종 물건을 잃어버리곤 하니까.

네가 거짓말로 새로 사서 만들어놓은 그 가짜 수첩은 네가 죽기 이틀 전에도 글이 적혀 있었어. 담임이 학부모 전체에게 보내는 메시지였지. "수업 중에 학생들이 복도에서 어슬렁거리는 경우가 있습니다." 그래, 여기에는 분명 철자 오류가 있었는데 당시엔 주의 깊게 보지 않았어. 나는 그저 너도 그렇게 수업 시간에 복도를 돌아다닌 적이 있는지만 물었지. 그러자 너는 조그만 목소리로 "아냐, 엄마. 난 그렇게 돌아다닌 적 없어"라고 말했었어. 이렇게 우리에게 가짜 수첩을 보여주고 확인을 받았으니, 우리에게 감추고 있던 '진짜' 수첩에는 네가 우리를 대신해 뭐라고 써넣어야 했었겠지. 지금 우리가 찢어지는 가슴을 부여안은 채 읽고 있는 그 수첩에는 네 필체로 이렇게 써져 있었어. "마리옹에게 그에 상응하는 벌을 주도록 하겠습니다."

선생님이 너에 대한 생활 평가를 적어둔 수첩은 그동안 네가 우리에게 보여주지 않았던 바로 그 수첩이었어. 네가 우리에게 숨기고 보여주지 않은 이 생활 기록 수첩에는 학교에서 행한 너의 불량 행동들이 고스란히 적혀 있었어. 간혹 엄하게 코멘트를 적어둔 경우도 있었는데, 네가 죽기 한 달 전인 2013년 1월 17일부터 "마리옹, 수업 시간 중 휴대폰 울림" 같은 꾸지람이 시작되고 있었어. 22일에는 "이번 달에만 세 차례 무단 지각하여 보충 수업 받을 예정. 규정 준수에 관한 반성문 작성. 1월 25일 학교 생활지도부 방문 요망"이라는 내용도 쓰여 있었어. 네가 죽기 12일 전인 2월 1일에는 "얼마 전부터 마리옹이 바르지 않은 생활태도를 보입니다. 수시로 떠들고 수업 중에 욕설을 하는 경우도 있으니, 수업 시간에 올바르게 행동할 수 있도록 주의시켜주세요"라는 선생님의 메시지도 있었어.

빈번한 지각에 수업 중 잡담은 물론 과제물도 제출하지 않았다고…… 불과 몇 주 사이에 어떻게 이런 지적들이 수없이 쏟아질 수 있었던 거지? 그중 십여 개는 상당히 엄하게 꾸짖는 내용이었어. 이렇게 심각한 상황인데도 학교에선 집으로 연락 한 번 안 하다니, 어떻게 이럴 수가 있니? 아이의 생활태도가 이 정도로 나빴다면 학교는 뭔가 이상한 낌새를 느끼고, 전화든 문자든 이메일이든 해당 내용을 학부모에게 알렸어야 하는 것 아니니?

마리옹, 너도 그래. 늘 바르고 예쁘게만 행동했던 우리 딸이 왜 이런 연극을 벌인 것인지, 엄마는 도무지 이해가 안 돼. 왜 우리에게 이 모든 사실을 감추었니? 너는 우리가 바보인 줄 알았니? 네 엄마 아빠를 말도 안 통하는 꼰대 취급한 거야? 그래? 엄마랑 아빠가 너를 이해도 못해줄 사람들 같았어? 아니면 엄마 아빠가 화를 내면서 널 호되게 혼내고 벌을 줄까봐서 무서웠어? 우리가 더는 널 사랑하지 않을까봐 겁이 났던 거니? 정말 그런

거야? 가짜 수첩까지 만들어서 네 자신을 숨길 만큼 네가 두려
웠던 게 대체 뭐니?

여기까지 생각이 미치고 나니 묘한 분노가 치밀어 오르더구
나. 엄마는 네가 원망스러웠어. 어떻게 네가 우리한테 이런 짓을
할 수가 있는 거지? 우리에게 거짓말을 하고, 현실과 마주하기
보다 죽음을 택하는 비겁한 짓을 하다니, 어떻게 그럴 수가 있
어? 마리옹, 너는 학교에서의 네 불량 행동을 우리에게 들키고
싶지 않아서 죽음을 택한 거야? 정말 그래? 너의 죽음으로 모든
걸 다 덮어버리고 싶어서? 아니, 나나 네 아빠가 너처럼 어렸을
때, 우리가 어린아이였을 때나 사춘기 중학생이었을 때 늘 그렇
게 모범적인 삶만 살았을 것 같아? 우리가 너의 그런 엇나간 행
동들을 용서해주지 못할 그런 인간이라 생각했던 거니?

마리옹, 우리가 그렇게 엄한 부모는 아니었잖아. 너도 잘 알
다시피 엄마는 내 모든 얘기를 다 너에게 털어놓았어. 그리고
너도 아주 세세한 부분까지 다 엄마한테 말했었는데, 대체 왜
그런 짓을 한 거야?

이렇게 수많은 질문들이 쏟아지며 엄마 머릿속은 온갖 부정
적인 생각들로 가득 차올랐어. 명확한 증거들 앞에서 네 아빠와
나는 네가 그동안 이중생활을 해왔었다는 사실을 속수무책으로
받아들일 수밖에 없었어.

하지만 네 중학교 3학년 생활의 첫 시작은 썩 나쁘지 않았다고 생각해. 너는 집중 스페인어 선택 과목이 있는 3학년 C반에 배정되었지. 1사분기 성적도 훌륭했어. 12월에 성적표가 나왔을 때 엄마는 너무 기뻐서 눈물까지 흘릴 뻔했어. 이제 처음 시작한 스페인어 과목에서 20점 만점에 20점을 받아왔으니까. 회의가 끝난 뒤 너에게 전화를 걸었을 때, 너는 엄마한테 이렇게 말했어. "엄마, 나 잘했지?" 그래, 잘했어, 우리 딸! 엄마는 네가 자랑스러웠어.

네 담임선생님도 시종일관 네 칭찬만 하셨지. 열심히 공부하는 모범생에 수업 시간 태도도 바르다고 하셨어. "마리옹은 정말 훌륭해요. 제일 뛰어난 학생 중 하나라 기대가 큽니다. 마리옹 같은 학생이 더 있으면 좋겠네요." 학급 친구들은 너를 가끔 '공부벌레' 취급하곤 했었어. 문제아들이 많은 반에서는 흔히 욕으로 통하는 별명이지. 그리고 너는 사랑에 빠졌어.

지난 두 달간 대체 무슨 일이 있었던 거니? 그래, 간혹 너한테서 무언가 슬픈 기색이 느껴진 적은 있었어. 자기 자신의 감정이나 다른 사람의 감정에 대해 확신을 갖지 못하는 청소년기의 전형적인 특징이지. 그래서 별로 대수롭지 않게 여겼고.

네가 우리 곁을 떠난 그날 밤, 우리는 그렇게 속으로 참을 수 없는 고통을 느낀 채 가슴을 후벼 파는 질문 하나를 계속해서

되뇌었어. '죽을 만큼 힘들었다면 대체 왜 우리에게 손을 내밀지 않았을까?'

너무 마음이 아파서 정신이 혼미해지는 가운데에서도 엄마는 네 나름의 이유를 찾아내려 애를 썼어. 엄마와 아빠 눈을 똑바로 쳐다보기에는 죄책감이 너무도 커서 그랬을 거라고, 우리를 실망시키는 게 두려워서 그랬을 거라고 말이야. 아니면 나나 네 아빠가 너무도 못난 부모라서 네 이야기를 잘 들어주지도 못하고, 혹은 네 이야기를 들어줄 만한 위인이 못 되었던 것인지도 모르지. 어쨌든 마리옹, 지금까지의 정황으로는 우리도 이런 식으로밖에는 결론을 내릴 수가 없었어. 우리는 정녕 그렇게 자식들한테 죄의식만 심어주는 부모였던 걸까? 자식들에게 지나친 압박을 가하고 무리한 걸 요구하는, 그래서 자식의 인성에 신경을 쓰기보다는 자신이 원하는 모습으로 자식을 만들려 애쓰는, 그런 자기밖에 모르는 부모였던 걸까?

네가 죽은 그날, 경찰서에서 전화 한 통이 왔었어. 네 휴대폰 비밀번호를 알려 달라더구나. 경찰들이 휴대폰 안의 정보를 분석하려는 데 휴대폰이 꺼진 상태였거든. 경찰은 너의 극단적인 행동을 설명해줄 수 있을 만한 무언가의 단서가 나오면 곧바로 우리에게 알려주겠다고 재차 다짐했어.

네가 떠난 그날 오후 3시쯤, 우리는 이 끔찍한 사실을 네 동생 클라리스에게 알리러 갔어. 클라리스는 엄마 친구인 미리암 아줌마 집에 있었거든. 그곳 놀이방에 있는 클라리스를 본 순간 엄마는 차마 입이 떨어지질 않더구나. 아빠는 클라리스에게 다가가 조심스레 말을 꺼냈어. "클라리스, 해줄 얘기가 하나 있단다. 마리옹 언니는 아픈 게 아니야. 언니가 하늘나라로 갔어." 네 동생은 두 눈을 동그랗게 뜨고는 비명을 지르더구나. 클라리스는 이후로도 몇 달간 그렇게 놀란 토끼눈을 하면서 지냈어.

아빠는 클라리스를 살포시 안아주었어. 두 사람은 한동안 그렇게 부둥켜안고서 슬픔을 나누었지. 이어 아빠가 나지막이 속삭였어. "클라리스, 그래도 우리 곁엔 아직 네가 있잖니? 너도 우리의 사랑하는 딸이란다." 둘째 딸이었던 클라리스는 그렇게 한순간에 맏딸이 되었지. 클라리스가 미리암 아줌마 집에 좀 더 머물고 싶다기에 우리는 나중에 데리러 오겠다고 하고 나왔어. 그리고 집으로 돌아오면서 자이아 아줌마 집에 있던 밥티스트를 데려왔단다. 우리는 그렇게 버티고 있었어. 이제 넷이 된 우리 가족은 서로를 그렇게 꼭 끌어안고 버티며 서 있었지.

다음 날 아침, 클라리스는 평소대로 학교에 가고 싶다고 했어. 그런데 우리가 학교로 향하기 전 미리암 아줌마가 집으로 와서 애를 학교에 보내지 말라고 하시더구나. 손에는 그 날짜 《르 파리지앵(Le Parisien)》이 들려 있었어. 신문 1면에 마리옹, 네 얘기가 나와 있었단다. 그래, 다름 아닌 바로 네 얘기, 바로 우리 딸 얘기였어. 신문은 네가 학교에서의 괴롭힘으로 세상을 떠난 피해자라고 했어. 너처럼 세상을 떠난 다른 아이 소식과 함께 네 기사가 실렸지. '열세 살 두 청소년, 자살 기도'라는 대문짝만 한 제목과 함께 '학교에서 괴롭힘을 당하던 아이들이 자살을 기도했다'는 네 기사가 1면 전체를 도배하고 있었지. 기자는 네가 남기고 갔다는 편지 한 통을 언급했는데, 네가 이 편지에 그동안 어떤 식으로 놀림을 당했는지 상세히 기술함과 동시에 너를 괴롭힌 아이들의 이름까지 적어두었다고 하더구나.

너무도 충격을 받은 나머지 온몸이 그대로 굳어져버린 것 같았어. 너는 대체 누구를 고발하려던 거니? 그 아이들은 또 네게 어떤 짓을 한 거니? 또 네 편지는 대체 어디서 찾은 걸까? 어떻게 우리도 모르는 그 편지가 한낱 일간지 기자의 손에 들어가게 된 걸까?

우리는 신문사 보도국과 접촉하려 시도했지만, 소용없는 일이었어. 대신 그 기사를 썼다는 여기자에게 연락해달라는 메시지를 남겼는데, 그 여자는 우리한테 전화 한 번 주지 않더구나. 그날도, 그리고 그 뒤로도 영원히.

하지만 네가 왜 그런 행동을 벌였는지, 그 이유는 알 것 같았어. 갑자기 막혔던 시야가 확 트이는 느낌이었지. 너한테만 초점을 맞추고 있다 보니 미처 생각지도 못했던 부분을 새로이 깨닫게 된 거야.

그래, 그러고 보니 너는 네 방 침대에 네 휴대폰을 매달아 길게 늘어뜨려 놓았었지. 휴대폰에서는 음악이 흘러나오고 있었어. 계속해서 똑같은 노래 하나가 무한 반복되고 있었지. 구급대원들이 너한테서 날 떼어놓으려 할 때도 엄마 귀에는 오직 그 노랫소리만 들렸어. 그리고 그때, 내 눈에는 망할 그 휴대폰이 보였어. 줄 끝에 매달려 있던 휴대폰에서는 그렇게 레게음악 한 곡이 계속 흘러나왔어. 이 세상의 끈을 놓던 그 순간, 너는 네 휴대폰을 침묵하게 만든 뒤 그렇게 음악을 틀어놓았지. 온갖 험담과 욕설이 네게 도달하던 통로였던 그 휴대폰을, 범죄의 도구였던 그 휴대폰을 너는 그렇게 상징적으로 죽였던 거야.

그래, 이제야 네 행동들이 하나둘씩 이해되기 시작했어. 순간 우리 안에서 분노가 미친 듯이 치밀어 오르더구나. 도무지 참을 수 없는 분노가 끓어올랐어. 너무도 괴롭힘을 당한 나머지, 너는 결국 네 휴대폰을 교수형에 처하고 네 자신도 같은 방식으로 떠날 결심을 한 거였어. 못 견디게 지긋지긋한 그 고통으로부터 벗어나려고. 하지만 네 죽음에 대한 책임이 있는 어른들은, 네가 다니던 '장 모네 드 브리이스 수 포르주' 중학교의 그 모든 관계자들은 정말 입도 뻥긋하지 않았어. 네가 그 지경이 되도록 아무엇도 하지 않은 거야.

하지만 엄마는 분명 학교에 요구사항을 전달했어. 같은 반 친구들이 너무 어수선해서 공부하기 힘들던 네 불만을, 엄마는 분명히 학교 측에 전했었지. 교장과의 면담을 세 번이나 요청했는데 교장은 단 한 번도 면담에 응해주질 않았어. 네가 반을 바꿨으면 좋겠다고 설명하기 위해 교장한테 수차례 전화를 걸었지만, 교장은 그런 내 부탁에 묵묵부답으로 일관하거나 아예 무시해버렸지.

그래, 그날 《르 파리지앵》 기사를 읽고 나서, 그러니까 네가 교내 괴롭힘의 피해자였다는 것을 확인시켜주는 그 기사를 읽고 난 후 엄마는 네가 그토록 힘들어하는데도 눈 하나 깜짝 않던 교장이 너무도 미웠어. 아니, 학교의 모든 사람들이 다 미웠어. 너를 도와주지도 않고, 우리 얘기를 들어주지도 않고, 네 불안감을 해소시켜주지도 않은 데다 우리의 걱정은 귓등으로도 듣지 않은 학교 측은 물론이고 범죄를 묵인하며 꼼짝도 안 한 학교의 모든 사람들이 다 미웠어.

분노에 사로잡힌 엄마는 학교에 전화를 걸어 딱 잘라 말했지.

"마리옹 엄마예요. 마리옹 짐 챙겨주세요. 우리가 찾으러 갈 겁니다. 마리옹이 학교에서 쓰던 물건들 히나도 빼놓지 마세요. 우리 애가 쓰던 물건은 스티로폼 조각 하나라도 다 가져올 테니 모두 챙겨두세요. 당신네 학교에 우리 애 물건이 단 하나라도 더 남아 있는 꼴은 죽어도 못 보겠습니다. 당신네들과 더 이상 얘기도 하고 싶지 않아요."

네 죽음에 대한 충격으로 엄마는 가급적 학교 측과의 연락은 피하고 싶었단다. 사실 학교에서 거듭 미안하다고 사과를 해오 거나 네 죽음에 애도를 표해줄 줄 알았거든. 하지만 얼마 지나 지 않아 알게 되었지. 학교 또한 우리랑 연락하길 꺼린다는 사 실을. 학교에서 왜 그런 식으로 행동했는지는 정말 모르겠더구 나. 지금도 여전히 학교의 행동은 도무지 이해가 되질 않아.

3
마리옹이 남긴 편지

"더 이상 내 심장이
뛰지 않더라도"

2월 14일 목요일, 네 아빠가 친한 아줌마 한 분과 함께 네 짐을 챙기러 학교에 갔을 때 네 물건은 이미 박스 안에 넣어져 학교 생활지도부에 있었다더구나. 기자들이 장사진을 이루었고, 교장 얼굴도 언뜻 스쳤다고 했어. 교감이 네 아빠를 찾아와서는 뭔가 세부적인 소식이 없는지, 네가 남긴 유서는 읽어보았는지, 거기에 구체적인 이름이 언급되어 있는지를 물었대. 이 사람은 우리가 뭘 좀 알고 있는지 알아보려던 거였어. 정작 우리가 기대했던 사과나 애도의 말 따위는 한마디도 없었어. 멀찍이 떨어진 곳에서 어떤 여자 하나가 카메라 앞에서 뭐라고 말을 하고 있었대. 네 아빠는 이를 대수롭지 않게 여겼었고.

그날 아침, 《르 파리지앵》 기사를 읽은 뒤 우리는 네가 남긴 편지 얘기를 물어보러 경찰에게 전화를 걸어봤어. 네가 일종의 유서 같은 것을 남겼는데도 경찰은 이 사실을 알려주지 않은 거 잖아? 심지어 우리는 이 편지의 존재에 대해 뉴스 보도를 통해 알게 된 황당한 상황이었고. 우리 전화를 받은 경찰은 상당히 난감해하면서 유감스럽게도 어딘가에서 정보 유출이 있었다고 말하더구나. 그날 오후 5시쯤, 집으로 경관이 찾아왔어. 그러고 는 언론을 통해 그 편지의 존재를 알게 해서 미안하다고 하더구 나. 어디에서 유출됐는지 알아보기 위해 내부 조사를 시작했다 고 했지. 경관은 네가 남기고 간 편지를 들고 왔어. 너는 네 학번 인 320번을 함께 적어두고 수신인은 학교로 해두었더구나.

안에는 두 통의 편지가 들어 있었어. 그중 너무도 가슴 아팠 던 첫 번째 편지의 내용을 여기에 옮겨볼게.

3학년 C반의 모두에게.

너희가 이 편지를 받게 된다면 그건 내가 더 이상 세상에 존재 하지 않는다는 뜻이겠지. 내가 마음 아프게 한 모든 사람들과 일 들에 대해 용서를 구하고 싶어. 내가 여기에 적은 내용들은 결코 입 밖으로 내뱉어선 안 되는 것들이라는 걸 나도 알고는 있어. 하 지만 어쩔 수가 없네. 너희들은 모두 대단한 아이들이었지만, 그 정도가 너무 심했어. '가식 덩어리', '왕따' 같은 말은 물론 '따먹어버리겠다'거나 '재수 없는 범생', '더러운 걸레', '바보' 같은 말도 서슴지 않았지. 내 마음속에 있는 말을 모두 다 내뱉을 수는 없었지만, 지금은 그렇게 할래. 더는 내 심장이 뛰지 않더라도.

내 삶은 계속 엇나가고 있었는데, 아무도 그걸 이해해주지 않았지. 제일 친한 친구한테서 모욕을 듣고, 무시당하고, 원망을 당했다면 기분이 어떨 것 같니? 클로에*, 미안하지만 지금껏 난 한 번도 널 호구로 삼은 적은 없었어. 내게 있어 너는 친자매 같은 존재였지. 클로에, 널 많이 좋아했어. 이젠 혼자만의 우정이 돼버렸지만.

여기에 너는 작은 하트 두 개를 그려두었더랬지. 세 번째 하트는 그리다 만 상태로 두었고, 어두운 표정의 얼굴 모양을 함께 그려 넣었어. 그리고 편지는 다음과 같이 이어졌어.

다미앵, 너는 참 괜찮은 아이야. 하지만 내가 도움이 필요할 때 손을 내밀어주지는 않았지. 그리고 상황을 더욱 악화시키기만 했다는 사실, 잘 알아두길 바라. 그리고 쥘리아, 난 너를 친구라 생각했는데 클로에가 나랑 멀어지도록 온갖 수를 다 썼지. 그

리고 나한테 참 악의적으로 못되게 굴었어. 내가 죽는다면 부분적으로는 네 책임도 있어. 메일리스, 너도 좋은 아이라는 건 알아. 하지만 수업 중에 '걸레' 소리 좀 그만해줄래? 제발 부탁이야.

PS: 나를 아껴주었던 모든 이들에게, 내가 이 세상에 존재한다는 사실만으로 나를 좋아해주었던 사랑스러운 모든 이들에게 감사의 말을 전해. 딜란, 롤라, 폴, 막심, 이네스, 모르간, 야니스, 베니, 마틸다, 레아, 그리고 이 세상의 다른 그 누구보다 내가 사랑했던 그 사람에게…… 내가 카위, 투툰이라 부르던 그 사람에게…… 본인은 아마 누구인지 알겠지. 이 모든 이들에게 감사의 마음과 함께 마지막 이별을 고할게. 더 이상 이 세상에 존재하지 않지만 너희를 잊지 않을 마리옹으로부터(편지가 눈물로 얼룩져서 미안해).

편지 아래쪽에는 네가 그려놓은 한 소녀의 얼굴이 있었어. 굳게 다문 입술에 가지런히 늘어뜨린 머리카락과 앞머리, 그리고 무언가 바라는 듯, 어딘가 당혹스러운 듯, 혹은 공포에 질린 듯한 크고 동그란 두 눈. 너를 닮은 그 소녀는 분명 네 얼굴을 그린 거겠지.

네 편지를 읽다가 "내 마음속에 있는 말을 모두 다 내뱉을 수는 없었지만, 지금은 그렇게 할래. 더는 내 심장이 뛰지 않더라도"라는 대목에서 그만 울컥했어. 마리옹, 정말 숨이 막힐 정도로 눈물이 흐르더구나.

학교로 보낸 편지의 두 번째 장도 읽다가 억장이 무너지기는 마찬가지였어. '너희와 함께했던 내 아름다운 기억들'이라는 제목의 두 번째 장에는 아무 내용도 없었으니까. 그 장은 그렇게 백지 상태였지.

마리옹, 엄마는 또 한 번 네가 원망스러웠어. 그러니까 너는 바로 이 바보 같은 애들 때문에 자살을 했다는 거잖아. 여자애하나가 널 좋아해주지 않아서, 널 '걸레'에 '왕따' 취급하고 심지어 요새 늬들 하는 말로 '재수 없는 범생' 취급했다고 그렇게 세상을 떠나버린 거잖아. 그건 정말 아무것도 아니야, 마리옹! 게다가 용서라니, 누가 누굴 용서해? 무슨 용서를 빈다는 건데? 세상에서 제일 착한 네가 대체 누구에게 용서를 구한다는 거니?

편지 말미에 너는 "편지가 눈물로 얼룩져서 미안해"라고 덧붙였지. 그날 이후 몇 달이 지난 지금까지도 이 문장만 생각하면 여전히 납득이 되질 않고 치가 떨려.

우리는 두 번이고 세 번이고 네 편지를 다시 읽어봤어. 네 생활 기록 수첩에 쓰여 있던 이야기들과 여기서기서 들려온 사소한 이야기들, 인터넷에서 내가 찾아낸 단편적인 정보들이 편지 내용과 겹치더구나. 그런 상황에서 우린 네 장례식을 준비해야 했어. 언론에서도 우리의 뒤를 쫓기 시작했지.

엄마는 눈앞에 닥친 이 상황을 감당할 수가 없었단다. 너무도 놀랍고 혼란스러운 데다 해야 할 일도 한두 개가 아니었지. 그리고 네 사건이 하나의 퍼즐 같이 얽혀 있다는 걸 깨달았어. 엄마는 속으로 이대로는 안 된다고, 뭔가를 더 찾아내고 조사를 해야 한다고 생각했지.

돌이켜보면 모든 게 엇나가기 시작했던 건 그 망할 12월이었던 것 같아. 1월에 나온 네 휴대폰 요금고지서를 보고 나랑 네 아빠가 경악을 금치 못했던 그때 말이야. 고지서를 통해 12월 한 달간 네가 문자를 무려 3천 통이나 보냈다는 사실을 알게 되었지. 물론 우리도 하루에 수차례 통화하긴 했지만 그 정도까지는 아니었어. 3천 통이라니, 그동안 너를 깎아내리고 협박하고 비방하던 문자들에 답을 하느라 그 많은 문자를 허비한 거니? 이어서 얼마 전부터 내가 네 휴대폰에 손도 못 대게 하던 게 떠올랐어.

2월의 어느 날, 정확히는 2월 4일 저녁이야. 엄마는 여느 때처럼 클라리스와 밥티스트를 각각 학교와 어린이집에서 차에 태우고 저녁 6시 45분쯤 집에 도착했어. 그런데 그날 넌 평소와 달리 엄마가 집에 왔는데도 네 방에 틀어박혀 있었지. 내가 몇 번이나 네 이름을 부르고 난 뒤에야 비로소 네 방에서 나왔어. 손에 휴대폰을 든 채 말이지. 그때 네 분위기가 좀 이상했었어.

그래서 너한테 휴대폰 비밀번호를 알려달라고 했었지. 휴대폰 메시지를 살펴보니 거의 포르노 수준의 음란 메시지와 함께 멍이 들었다느니 약이니 싸움이니 하는, 도무지 이해할 수 없는 단어들이 쏟아지더구나. 심지어 "나 딸 치게 네 사진 하나만 보내봐" 같은 불쾌한 문자도 있었어. 너는 그게 네 남자친구 로맹이 보낸 거라고 했었지. 나중에 알고 보니 그 문자를 보낸 건 다른 남자애더구나. 너는 "걱정하지 마, 엄마. 그냥 괜히 말로만 그러는 거야"라며 날 안심시키려 했지. "괜히 말로만 그러는 거라고? 이 말 뒤에 숨은 뜻이 뭔지나 알고 하는 소리야? 뭐 이렇게 저급한 표현을 쓰는 애가 다 있니?" 엄마는 그렇게 화를 냈어. 열세 살 딸아이를 둔 엄마 중에 이런 글을 보고도 가만있을 사람은 아무도 없어.

그날 저녁 나는 네 휴대폰을 뺏어들고 휴대폰 메시지를 일일이 확인했었지. 다행히도 그땐 애정이 묻어나는 로맹의 건전한 문자들밖에 눈에 띄지 않더구나. 로맹이 "사랑해, 보고 싶어"라고 문자를 보낸 즉시 너는 로맹에게 "나도 사랑해, 로맹. 우리 서로 못 본 지 여덟 시간이나 되었네……"라고 답문을 보냈더랬지. 이걸 보고 엄마는 조금이나마 마음을 놓을 수 있었어.

2월 14일 목요일 밤, 네 아빠와 내 머릿속에는 이렇듯 그때의 기억들과 수많은 질문들, 형언할 수 없는 고통이 계속해서 맴돌고 있었어. 그때 전화가 한 통 걸려왔지. 텔레비전에 부교육감 인터뷰가 나왔으니 얼른 틀어보라는 거야. 우리는 인터넷에서 해당 인터뷰를 찾아봤어. 네 아빠가 화면 속 여자를 알아보고는 놀라서 소리치더구나. "엇, 이 여자, 내가 마리옹 짐 찾으러 학교에 갔을 때 기자들에게 뭐라고 말하던 그 여자인데?" 카메라 앞에 선 그 여자는 네가 같은 반 학생들의 놀림감이 되었다고 설명했어. "그 학생한테 친절하게 대해주지 않은 아이들도 있긴 해요. 상처받는 말을 들었을 수도 있겠지요. 그 시기에는 충분히 주고받을 수 있는 얘기예요. 시간이 지나면 더 많은 걸 알게 되겠지요."

네 아빠는 그 여자가 학교에서 잠깐이라도 인사를 건네거나 말을 건 적이 없다고 했어. 우리에게 조의를 표하기는커녕 텔레비전에 나와서 너에 대한 이야기를 할 거란 말도 미리 해주지 않았고, 심지어 그 여자는 우리에게 동의조차 구하지 않았어. 우리한테 말도 없이 방송에서 네 실명을 거론한 여자야.

다음 날 아침인 2월 15일 금요일, 우리는 연락을 받고 경찰서로 갔어. "우리 애가 강간을 당하지 않은 게 확실해요?" 엄마는 떨리는 목소리로 물었지. 엄마는 네가 다른 애들에게 맞거나 성적 학대를 받았으면 어쩌나 걱정했었거든. 하지만 너는 더 이상 이 세상 사람이 아니었고, 너에게 이보다 더 나쁜 일은 있을 수 없겠지.

경찰은 우리를 각각 따로 불러다가 별의별 질문을 다 던졌어. 우리가 뭐하는 사람이냐, 너는 어떤 아이였냐, 너와 우리의 관계는 어땠느냐 등 기본적인 질문들을 늘어놓으면서 우리가 어떤 사람인지 파악하려 했어. 당시엔 충격이 너무 컸던 때라 내가 무슨 말을 했었는지도 잘 기억이 나질 않아. 그리고 나중에 그 이유를 알게 되었지만, 당시 경찰은 우리에게 각각 네가 페이스북 계정을 갖고 있느냐고 물었어. 그래서 난 대답했지. "페이스북 계정 없습니다. 내가 아는 한은요."

조사를 마치고 난 뒤 경찰은 우리에게 고소를 할 거냐고 물었어. 우린 그러겠다고 했지. 편지에 이름이 적힌 아이들과 학교, 그리고 조사 결과 너의 죽음에 일말의 책임이 있다고 밝혀진 사람들 모두에게 책임을 묻고 싶었거든.

이런 이야기를 나누며 집으로 돌아오던 중에 문득 한 가지 의문이 들더구나. 만일 네가 페이스북 계정을 갖고 있었다면? 중학교 2학년 때도 너는 페이스북 계정을 하나 열게 해달라며 내게 부탁을 한 적이 있었어. 나는 안 된다고 했지. 페이스북 계정을 갖기에는 열두 살이 너무 이르다고. 네가 떠나기 한 달 반

전에도 너는 내게 와서 페이스북 계정을 갖게 해달라고 다시 한 번 졸라댔어. "애들은 다 하나씩 갖고 있는데 나만 없단 말이야. 애들은 밖에 잘도 싸돌아다니는데 나만 못 나가게 하고." 그때 엄마는 꽤 화가 나서 "뭐하려고 밖에를 싸돌아다녀?"라며 짜증을 냈지. 그때 시간이 저녁 7시쯤이었고, 엄마는 네 동생들을 목욕시키느라 너랑 말다툼할 경황이 없었어. 그래서 엄마는 한숨을 내쉬며 이렇게 얘기했지. "잘 들어, 마리옹. 일단 올해는 안 돼. 내년에 중학교 4학년이 되면 그때 다시 이야기하자. 열네 살이 되고 나면 그때 페이스북 계정을 만들어줄게."

네 방 컴퓨터로는 인터넷 접속이 안 되는데, 하지만 그렇다고 네게 페이스북 계정이 없다고 단정 지을 수 있을까? 어쨌든 이에 대해 우리는 아는 바가 전혀 없어서 무척 답답했지.

그래서 엄마는 페이스북을 일단 한 번 열어봤어. 먼저 네 이름 '마리옹 프레스(Marion Fraisse)'로 검색을 해봤어. 조금이라도 너와 관련된 건 아무것도 없더구나. 그저 동명이인이 뜨는 게 전부였어.

그런데 네 핸드백에서 네가 쓰던 수첩을 발견했어. 시험 날짜 같은 것도 모두 적어둔 수첩이었어. 첫 페이지에 네 이름과 성이 있고, 휴대폰 번호와 이메일 주소가 있더구나. 그래서 컴퓨터를 켠 뒤, 이것저것 비밀번호를 다 넣어봤지. 그랬더니 하나가 되더구나. 네 메일함을 열어봤더니 "페이스북에 새로운 알림이 있습니다"라는 알림 메일이 와 있었어.

나는 네 계정으로 들어가 봤어. 원래 이름인 '마리옹 프레스'가 아닌 '마이용프래지(Mayonfraisie)'라는 아이디로 되어 있더구나. 처음으로 계정을 개설한 날짜는 12월 7일이었어. 네가 나한테 페이스북 계정을 만들면 안 되냐고 다시 한 번 졸랐던 그날보다 한 달이나 앞서 있었어. 그러니까 너는 이미 페이스북 계정을 만들어놓은 뒤 죄책감이 들자 우리에게 허락을 구하고 마음 편히 페이스북을 하려던 거였어.

너는 엄마의 페이스북 아이디는 물론 네 외삼촌 아이디도 네 계정에 접근할 수 없게끔 차단해두었더구나. 그 당시 우리 집안에 페이스북 계정이 있는 사람은 나와 네 외삼촌 둘뿐이었으니까, 우리 둘만 차단하면 네 비밀을 지킬 수 있었겠지.

계정 접근이 차단돼 있어서 우리는 네가 공개 게시물 범위로 올리는 글들을 볼 수 없는 상태였어. 너에게 쏟아졌던 그 끔찍한 메시지들도 물론 확인할 수 없었지. 페이스북 메일함에는 "너 이제 죽었어"라는 협박성 메시지까지 있던데, 대체 무슨 일이 있었던 거니?

엄마는 네 페이스북 계정의 단편적인 글들을 훑어봤어. 알림 메시지로 들어온 글들을 읽어본 거지. 하지만 링크를 눌러서 해당 메시지의 원본 글을 확인하려고 하니 그 글은 이미 삭제되고 없더구나. 걔들은 네가 죽은 다음 이 글들을 삭제해야겠다는 생각을 한 것 같은데, 그렇다면 걔들 스스로도 뭔가 잘못했음을 느꼈다는 말 아니겠니?

글의 일부가 삭제되었다고 해서 글의 내용을 유추해볼 수 없는 건 아니었어. 걔들이 아무리 자기가 쓴 글을 삭제하여 "해당 페이지는 찾을 수 없습니다"라는 메시지가 뜬다 한들, 욕으로 시작한 문장과 그에 상응하는 마지막 문장이 남아 있는데 모든 걸 감출 수 있겠니? 설마하니 그 안의 내용이 너에 대한 칭찬으로만 가득했었겠니? 이 정도는 누구나 쉽게 유추할 수 있을 거야. 다만, 그 모든 내용을 정확히 알 수 없다는 게 유감이었어. 오로지 상상에 의존해야 한다는 게 속상했고, 네 휴대폰에 알림 메시지가 뜰 때마다 네가 어떤 마음이었을지 생각하니 화가 났어. 이젠 너를 도와줄 방법조차 없다는 게, 이 듬성듬성 이 빠진 정보들만이 네가 괴롭힘을 당했다는 확실한 증거라는 게 너무도 가슴 아팠어.

그때부터 엄마는 탐문 조사를 시작했어. 몇 주, 길게는 몇 달이 걸리는 작업이었어. 그동안 너의 생활에 대해 알지 못했던 것들의 퍼즐 조각을 짜 맞추고, 네가 무엇 때문에 결국 삶의 끈을 놓게 되었는지 알아보느라 몇 달의 시간이 걸렸지.

하지만 그에 앞서 엄마는 일단 경찰에 이 소식부터 알렸단다. 우리가 알고 있는 것과 달리 너한테 페이스북 계정이 있었다고 말이야. 네 계정은 12월 7일에 개설되었다고 했지. 대략 네가 생활 기록 수첩을 '잃어버렸다'고 말한 그 시기, 로맹과의 연애를 시작한 그 시기였어.

그리고 2월 15일, 네 남자친구가 내게 메시지 하나를 보내왔더구나. 그 애는 네가 그 수모를 당하는 동안 곁에서 널 지켜줬을까? 너를 괴롭힌 아이들 명단에 네가 그 애의 이름을 써넣지는 않았지만, 그 애 또한 가해 아이들의 행위에 동조한 건 아닐까? 엄마는 그 아이가 원망스러웠어. 너를 괴롭힌 너희 반 아이들 모두를 원망하듯 그렇게 이 아이도 밉고 싫었지. 그 당시만 해도 진상을 파악하기 위한 정보들이 아직 많이 부족한 상태였거든. 책임의 경중에 대한 파악도 제대로 되어 있지 않았고.

엄마는 지금도 그 아이의 문자 메시지를 갖고 있어. 저녁 8시 48분에 보낸 메시지였지.

"안녕하세요. 불쑥 연락드려 죄송합니다. 그저 진심으로 조의를 표하고 싶었습니다. 삼가 고인의 명복을 빕니다. - 로맹 드림."

엄마는 짜증 섞인 답문을 보냈어.

"내 연락처는 어떻게 알았죠?"

"같은 동네 지인에게 물어봤어요. 그 사람이 누구인지는 밝히지 말아달라고 했고요."

"나는 그 사람이 누구인지 알아야겠어요. 안 알려주면 경찰에 신고할 겁니다. 남의 연락처를 함부로 알려주면 안 되죠. 그건 불법이에요. 모든 사람이 다 내 번호를 알고 있는 건 아니잖아요. 그 사람이 누구인지 알려줘요. 빠른 답변 바랍니다."

"마틸드라는 아이입니다. 그저 제 부탁을 들어준 것뿐이에요. 죄송합니다, 아주머니."

"어떻게 그럴 수가 있죠? 마리옹이 죽었다고요."

나는 화가 나서 이렇게 써버리고 말았단다. 그때는 로맹이란 그 아이도 가해 아이들 측에 가담한 것으로 확신하고 있었거든. 그리고 마틸드는 네가 유치원 때부터 알고 지내던 아이였지. 네가 편지에 언급했던 가해자 무리 가운데 이 아이도 끼어 있었을까? 그날 괜히 애꿎은 로맹만 나한테 혼이 나고 말았단다. 로맹은 내가 자기한테 왜 이러나 싶었을 거야.

4

학교의 침묵

**"인생 끝난 거
아니지 않습니까?"**

네 장례식 준비도 해야 했고, 여러
모로 정신이 없었어. 기자들은 계속 문을 두드리며 무슨 일이
일어났던 것인지 알려고 했고, 시에서는 '사건에 대한 불필요한
언급은 자제해달라'는 지령이 내려졌지. 네 사건과 관련한 루머
가 난무했고, 어떤 말 많은 여편네는 사건에 대해 자기가 잘 알
고 있다고 뻐기면서 네 죽음은 학교에서의 괴롭힘이나 폭력과
는 아무 상관이 없다며 떠벌리고 다녔어. 지금 벌어진 상황은
학교와 아무 관련이 없다는 거야.

그 여자 남편이 학교와 관련된 일을 하고 있어서 네 사건에
대한 정보를 얻을 수 있었다고 했어. 나는 그 여편네를 찾아가
서 밀했지. "내 말 똑똑히 들으세요. 만일 당신한테 사건과 관련
한 핵심 정보가 있다면 지금 당장 경찰서로 가서 그 정보 넘기

세요. 만일 아무것도 아는 게 없으면 입 닥치고 조용히 있어요!"
그러자 사람들은 엄마가 제정신이 아니라고 수군대더구나. 이
기나긴 싸움은 바로 그 즈음에 시작된 것 같아. 그래, 마리옹. 엄
마는 정말로 제정신이 아니었어.

언론의 취재 열기 때문에 우리는 네 장례식도 몰래 숨어서
치러야 했단다. 사람들 눈에 띄지 않게 밤에 몰래 빈소에 가야
했고, 음악 소리도 계속 조용히 틀어놓아야 했지. 그런데 마리
옹, 빈소에 누워 있는 네 모습조차 얼마나 예뻤는지 아니? 장의
사가 네게 입힐 의상을 골라 오라더구나. 엄마는 옷뿐만 아니라
장신구도 챙겨왔어. 너한테 예쁜 귀걸이도 끼워주고, '평화와 사
랑(Peace and Love)'이라고 각인된 네 팔찌도 함께 채워주었지. 네
곁에는 언제나 '사랑과 평온'이 깃들어 있을 거야.

하루는 누군가 와서 귀띔해주길, 기자들이 집 앞에서 기웃대
며 기삿거리를 찾고 있다더구나. 그래서 우리는 네 장례식 날짜
와 시간도 비공개로 진행해야 했어. 그게 얼마나 힘든 일이었는
지 아니? 관도 골라야 하고 꽃도 정해야 하고 해야 할 일이 한두
가지가 아니었는데, 이 모든 걸 남의 눈에 띄지 않게 조용히 진
행해야 하는 상황이었어. 다행히 네 아빠가 곁에 있어 주었지만
엄마는 사실 꽃이고 뭐고 다 필요 없었고, 네 장례식 자리에는
가고 싶지도 않았어. 머릿속엔 그저 답이 안 나오는 질문 하나

밖에 없었어. '마리옹, 대체 넌 왜 그런 짓을 한 거니? 왜 우리에게 아무 말도 하지 않았어?' 엄마는 미친 여자처럼 끊임없이 이 한마디만 되풀이했지. "마리옹, 넌 모든 걸 다 가졌었잖아. 모든 걸 다 가진 네가 도대체 왜 그런 짓을 한 거야?"

그래서 엄마는 무언가 단서가 될 만한 것들을 찾아다녔어. 네짐도 뒤지고, 인터넷도 뒤지고 돌아다녔지. 페이스북 어딘가를 뒤져보면 네 친구들이 써놓은 얘기가 있지 않을까 싶어 네 친구들 계정도 샅샅이 찾아다녔어. 네 추모 페이지에도 가봤단다. 네 아빠랑 같이 인터넷을 뒤지다가 '마리옹 프레스를 추모하며(RIP Mation Fraisse)'라는 제목의 한 인터넷 토론방을 발견했어. 너의 영면을 기리기 위한 일종의 추모 게시판이었지. 거기엔 수많은 글들이 올라와 있었어. "지금에야 모두들 여기 와서 눈물을 흘리고 있지만, 다들 그 애를 꽃뱀 취급했지"라는 글도 있었어. 그걸 보니 교실 안에서 어떤 일이 벌어졌는지 짐작이 되고도 남았어. 너희 반의 한 여자아이는 "우리가 너한테 너무도 바보 같은 짓을 많이 해서 뭐라고 할 말이 없다"는 코멘트도 남겨두었어. 페이스북 계정을 통해 글을 남긴 것이어서 코멘트는 모두 자기 이름으로 되어 있었는데, 그중 네 편지에 언급됐던 아이들의 이름은 하나도 보이질 않더구나.

게시판의 존재가 세상에 알려진 뒤에는 이마저도 곧 폐쇄됐지만, 엄마는 화면 캡처로 사본을 모두 저장해두었단다. 그리고 2월 17일 일요일, 경찰에 이를 증거 자료로 송부했지.

2월 21일, 이윽고 네 장례식이 치러졌어. 친구들도 오고, 그 가족들도 함께 왔어. 그 외에 다른 사람들은 아무도 없었어. 전화로 조의를 표하는 사람은 물론이고 추모의 인사를 전해온 선생 한 명, 학부모 한 명 없었어. 학교의 고위 책임자 중 대표로 조문을 온 사람도 없었지. 심지어 그 누구도 장례식 날짜나 시간을 전화로 문의해오지도 않았어.

시각은 오전 11시, 장소는 보그리뇌즈 성당이었어. 우리는 베르디의 음악이 울리는 가운데 성당 중앙 통로를 지나갔고, 이어 셀린 디옹의 노래가 흘러나왔어.

"이 세상에서 나에게 사랑을 얘기해줄 사람, 오직 너뿐이야. 내가 도와달라고 하면 내 부탁에 응해줄 사람, 오직 너뿐이야. …… 만일 네가 내 곁에 없다면 나는 죽어버릴지도 몰라."[•]

장례식이 치러지는 동안 네 사진을 영상으로 띄웠어. 환하게 웃으며 반짝거리는 네 귀여운 얼굴들……, 이 모든 행복한 순간들이 흘러내리는 눈물 사이로 자꾸만 흐려져 갔어. "내 뼈와 살과 같았던 너"라며, 엄마가 네게 쓴 편지도 읽었어.

• 셀린 디옹(Céline Dion), 〈세상에 오직 너뿐이야(Que Toi Au Monde)〉, 《기다림 없이(Sans Attendre)》 앨범 (Columbia, Epic, 2012) 수록. 뤽 플라몽동(Luc Plamondon) 작사.

4_ 학교의 침묵

사랑하는 우리 딸, 넌 우리의 맏딸이니까 엄마 아빠 손을 잡고 엄마 아빠가 더 멀리 갈 수 있는 힘을 줘. 우리가 우리의 한계를 뛰어넘을 수 있는 용기를, 우리보다 앞서간 네가 있는 그 환한 즐거움의 세계에 우리가 도달할 수 있는 용기를 주렴.

마지막에는 다음과 같은 바람을 덧붙였지.

사랑하는 우리 딸. 비록 네 육신은 우리 곁을 떠났지만, 앞으로 네 웃음소리도 들을 수 없겠지만, 그래도 우리에 대한 네 사랑은 영원할 거야.

우리는 탈의 노래도 들었어.

"꿈이 생기면 누구나 꿈을 꿀 권리가 있어. 그 무엇도 나를 멈추게 할 수는 없어. 내가 너를 존재하게 해, 아주 치열하게. 나는 그게 맞는다고 생각해."*

네 동생 클라리스는 복음서에서 발췌한, 꽤 난해한 문구 두 개를 낭독했는데 대략 이런 내용이었어. "마찬가지로 우리가 믿는 바와 같이, 예수님으로 인하여 하느님께서는 잠든 이들도 당

• 탈(Tal), 〈꿈을 꿀 권리(Le Droit de Rêver)〉, 동명의 앨범에 수록(Warner Music France, 2012). Christine Roy-Christophe Emion/Laura Marciano-Simon Caby.

신의 아들과 함께 데려가주시니, 우리는 영원히 주님과 함께하게 될 것이다. 내가 조금 전 말한 바를 되새기고, 다들 마음을 놓도록 하라." 엄마의 가장 친한 친구인 코코 아줌마는 생텍쥐페리의 작품 《어린 왕자》에 나오는 한 구절을 읽었지. 살렘 외삼촌도 이 아름다운 문장을 뽑아왔어. "너는 바람을 타고 마지막 여행을 떠났지. 오직 영혼만이 여정을 알고 있는 그 길을……." 우리는 네 관을 뒤로 하고 밖으로 나왔단다. 네가 그토록 좋아했던 아델의 노래가 계속해서 흘러나왔어. "때로 사랑은 계속되지만, 때로 아픔이 사랑을 대신하네." 노래의 제목은 〈너 같은 사람(Some Like You)〉이었는데, 나한테는 "너 같은 사람은 아무도 없어"로 들리더구나. 이후 다들 묘지로 가서 하얀 꽃 한 송이씩을 바쳤지.

네 할머니 할아버지, 엄마 아빠의 친구들, 가까운 지인들 모두가 와서 너의 장례식을 지켜보며 너의 마지막 가는 길을 함께했어. 다들 얼마나 고마웠는지 몰라. 하지만 너희 반 아이들은 단 한 명도 보이지 않더구나. 너희 학교 선생님 역시 단 한 명 눈에 띄지 않았고, 학부모 대표나 학교 쪽 관계자도 정말 한 명도 와보질 않았지. 물론 언론의 눈 때문에 네 장례식을 대놓고 광고하진 않았어. 하지만 장례식 날짜를 알아보려면 얼마든지 알아볼 수 있었어. 그 사람들이 오지 않은 건 네 장례식을 보고 싶지 않아서였거나, 혹은 주위의 만류로 참석하지 못하게 되었거나 둘 중 하나겠지.

학교 쪽 사람들은 심지어 내게 전화 한 통화도 주질 않았는데, 우편함에 편지 한 장 넣어두고 간 사람도 없었어. 네가 죽은 뒤로 엄마는 우리가 저들에게 성가신 존재가 된 것 같다는 느낌을 받았단다. 하지만 그래도 최소한의 인간적인 배려와 호의는 보여줘야 하는 것 아니니?

선생님들은 또 왜 그렇게 조용했던 것인지, 왜 다들 코빼기도 비치질 않은 건지 도무지 이해가 되질 않아. 지금도 그런 선생님들의 행동을 이해해보려 애쓰는데, 아마 승진과 연관 있는 것은 아닌지 추정해볼 뿐이야.

2월 14일 목요일, 네 소식이 파다하게 퍼졌을 때, 학교는 심리 상담 대책반을 설치했대. 아이들 말이, 마리옹 가족과 이야기하고 싶다는 뜻을 내비쳤더니 교장이 반대하고 나섰대. 아직 이야기 나눌 준비가 안 돼 있을 테니 마리옹 가족과 접촉하지 말라고 했다는 거야. 한 엄마는 학교를 통해 우리 집에 근조화환이라도 보내주고 싶었는데, 그 아들이 만류했대. 그럴 필요 없다고, 교장이 모든 꽃을 다 내다버렸다고 했다더구나.

물론 그날 아침 엄마도 교장한테 쌀쌀맞게 대한 것은 사실이야. 최근에 벌어진 모든 일들을 포함하여 학교장까지 머릿속에서 완전히 다 지워버리고 싶었으니까. 금요일에는 고소장도 제출했어. 그러는 동안 학교는 아무런 반응도 없었어. 교장은 그저 우리의 요청으로 '유가족 측'과 연락할 수 없게 되었다는 말만 늘어놓았을 뿐이야. 하지만 몇 달 후 꽤 놀라운 사실을 알게 되었지. 2월 13일 수요일, 그러니까 네가 떠난 그날 저녁, 교장은 전 교직원에게 메일을 보내 네 소식을 알리면서 마리옹 가족과의 접촉을 자제해달라고 부탁했다는 거야. 엄마랑 통화도 하기 전에, 모든 공식적인 반응이 나오기도 전에 그 메일을 보낸 것 같더구나. 교장이 보냈다는 메일의 존재를 알고 나니 애초부터 학교 측은 엄마를 위로하거나 감싸 안아줄 마음이 없었다는 생각이 들더구나. 연민 따위는 아예 안중에도 없었던 거지.

네 장례식이 치러지기 이틀 전인 2월 19일, 엄마는 난생처음으로 대통령에게 편지를 썼어. 당시 교육부 장관이었던 뱅상 페용(Vincent Peillon)에게도 사본을 한 통 보냈지. 이 편지에서 엄마는 부교육감의 부적절한 행태를 콕 집어 언급했어. 그녀는 언론 인터뷰에서 우리의 허락도 없이 공개적으로 네 실명을 거론했을 뿐 아니라 네가 내성적이고 소극적인 성격에 친구도 없는 '범생'이라고 제멋대로 떠벌렸지(우리의 허락 없이 언론에 네 이름을 밝힌 건 엄연한 불법 행위란다). 그 여자는 어떻게 감히 자기가 잘 알지도 못하는 열세 살 소녀에 대해 그딴 식으로 말할 수 있었을까? 어떻게 우리한테 일언반구 말도 없이 함부로 자기 생각을 지껄일 수 있었을까?

더 놀라운 건 우리와 담을 쌓으려 했던 학교 측 태도였어. 엄마가 대통령과 교육부 장관에게 알리고 싶었던 것도 바로 그 부분이었지. 그 누구도 부인할 수 없는 사실은 분명 죄를 지은 사람들이 있다는 거야. 네가 편지에서 언급했던 아이들, 그리고 상황을 외면하려는 어른들에게는 분명 잘못이 있어.

아이들이 마리옹을 약 올리고 수업 중에도 마리옹에게 욕을 하며 손가락질을 하는데도 교사들은 이를 방임했을 뿐만 아니라 학부모에게 알리지도 않았습니다. 페용 장관님, 장관님 휘하의 교원들은 자신들이 해야 할 소임을 다하지 않았어요. 교사들이 개입하지 않으니 아이들은 거리낌 없이 행동했고, 결국 딸아이를 자살로까지 몰아갔습니다. 저는 똑똑하고 잘 웃고 활달하던 딸아이의 교내 안전이 위협을 받은 데에는 교사들의 과실도 상당하다고 생각하는 바입니다. 안타깝게도 딸아이 소식이 퍼지고 난 뒤, 여러 학부모들이 제게 연락을 해왔습니다. (딸아이와 다른 학급에 속한) 자기 아이 역시 이 학교에서 괴롭힘을 당했다고요.

이 편지에서 나는 교장 및 교감에게 널 다른 반으로 옮겨달라고 누차 얘기했다는 사실을 짚어주었어. "그 사람들은 (문제해결을 위해) 필요한 조치를 취하겠다며 나를 안심"시켰지만, 정원 문제로 네가 다른 반으로 옮겨가는 일은 불가하다는 점을 피력했었지. 그래서 나는 편지에 이렇게 덧붙였어.

장관님, 이게 바로 지금의 안타까운 현실입니다. 마리옹은 그 때문에 목숨을 잃었고, 가해 학생들은 마치 아무 일도 없었다는 듯 버젓이 학교생활을 하고 있습니다.

2013년 12월 성적표가 나왔을 때 일도 빠짐없이 적어두었어. 그때 나는 네 담임에게 "마리옹의 태도에 조금이라도 변화가 생기면 꼭 알려주시기 바랍니다. 문자로 전해들은 바에 따르면 마리옹이 학급 내 분위기로 인해 많이 힘들어하네요"라고 말하면서 네 신변에 이상이 생기면 즉시 알려달라고 부탁했더랬어. 그리고 편지에 네 방에서 나온 이중 생활 기록 수첩 이야기도 적었어.

마리옹이 지각을 한 것 같더군요. 이미 학교에 가 있는 상황이었는데도 수업 시간에 25분이나 늦게 들어갔대요. 이와 관련해 학교 측으로부터 전화를 받은 적은 한 번도 없었습니다. 그 시간

동안 딸아이는 대체 어디에 있었던 걸까요? 아이에게서 이렇게 갑작스런 행동의 변화가 있었는데도 누구 하나 걱정하는 사람이 없는 이 학교에서는 대체 무슨 일이 벌어지고 있는 걸까요?

다음은 우리가 끊임없이 제기했던 여러 문제들을 반영해놓은 편지의 한 대목이야.

내가 모욕을 당하고 상처를 입고 있는데도 나를 도와줄 줄 알았던 선생님이 나 몰라라 한다면 과연 어떻게 해야 하는 걸까요? 친구들은 계속해서 나를 괴롭히고, 죽이겠다고 협박합니다. 상황은 학교 안에서도 벌어지고 페이스북상에서도 계속 이어집니다. 그런데도 학교에 있는 어른들 중 그 누구도 여기에 개입하지 않습니다. 학교로 보낸 편지에서 마리옹은 자신의 삶이 엇나가고 있는데 아무도 이를 이해하지 못했다고 했습니다.

그나마 네가 마지막 순간에 편지를 남겨서 얼마나 다행인지 몰라. 마지막에 네가 종이에 적어 내려간 그 몇 마디가 없었다면 우리는 바보같이 네가 사춘기 소녀의 풋사랑 때문에 목숨을 버렸다고 오해했을 거야. 우리는 정말 아무것도 이해하지 못했을 거야. 넌 네가 왜 그렇게 할 수밖에 없었는지를 설명해주었고, 네 행동에 의미를 부여해주었지. 하지만 어른들은 계속해서 사건을 축소하고 묵인하거나, 아니면 아예 손을 떼려고만 하고 있어. 따라서 학교 괴롭힘으로 생겨난 폐단을 모두에게 일깨우고, 이로써 네 죽음을 헛되이 만들지 않는 것은 이제 우리가 해야 할 몫이 됐어.

그래서 대통령과 교육부 장관에게 보내는 편지에서도 엄마는 다음과 같이 주장했단다.

부디 이 비극을 해결해주시고, 선생님 앞에서 마리옹에게 욕설을 퍼붓거나 페이스북을 통해 마리옹에게 협박을 하며 마리옹을 괴롭혔던 아이들이 전부 처벌을 받을 수 있도록 모든 조치를 취해주시길 간곡히 부탁드립니다. 다른 학생들을 보호하기 위해서라도 이 가해 학생들이 법의 처벌을 받을 수 있도록 해주세요.

그래, 우리는 교육 당국이 우리의 고통을 분담해주고 학교가 져야 할 책임을 다해주길 바랐던 거야. 우리와 함께 어깨를 나란히 하며 이 문제를 해결해주길 바랐고, 나아가 우리보다 앞장서서 진실을 밝혀주길 바랐던 거지. 하지만 학교는 이런 우리의 바람과는 달리 방어적인 태도만 취하면서 마리옹 너의 부모인 우리를 적대시하고 껄끄럽게 생각했어. 심지어 너에게 화환 하나 보내주질 않았어. 마치 네가 한 번도 그 학교 학생인 적이 없었던 것처럼 매몰차게 굴었어.

네가 떠난 뒤 몇 주 동안 엄마는 참 많은 이야기들을 들었어. 네가 떠난 뒤, 학교가 얼마나 폐쇄적으로 바뀌었는지 알려주는 증언들이었어. 학교 측은 거의 집착에 가까울 정도로 학교를 지키려 애를 쓴 모양이더구나. 마치 아무 일도 없었던 것처럼 문제를 덮으려고만 했었지. 그 뒤로도 교내에서의 괴롭힘이라는 문제가 얼마나 위험한 것인지에 대해 학생들이 경각심을 갖게됐다는 얘기는 들려오지 않았어. 아이들의 짓궂은 장난이 어떤 결과에 이를 수 있는지 일깨워주었다거나, 말로도 사람을 죽일 수 있다는 사실을 가르쳤다는 얘기도 들리지 않았지.

반면 일부 학부모들 말에 따르면, 교내 분위기가 걱정되어 마리옹 이야기를 꺼내려 하는 순간 교장은 "아무것도 모르시면 가만히 계세요. 괜히 알지도 못하는 얘기 떠벌리지 마시고요" 하면서 단칼에 말을 잘랐다고 하더라. 네가 죽고 난 후 이틀이 지난 금요일, 한 엄마가 학교에 불려갔대. 교장은 "자녀분이 자살할 우려가 있으므로 퇴교 조치 바랍니다"라고 써 있는 서류에 서명을 하라고 했다더구나.

이 엄마는 놀라서 물었대. "마리옹 사건과 관련 있는 건가요?" 그러자 교장은 아니라고 반박했다는구나. "아닙니다. 마리옹 사건은 집안 문제였을 뿐입니다." 결국 이 엄마는 이튿날 다른 학교를 찾아봐야 했대. 그래서 아이는 아빠한테 맡겨지고 엄마와 떨어져 지내야 했다나봐.

마리옹, 이 상황이 이해되니? 며칠 뒤 휴교 조치가 내려 (문제에 대해 정확히 알고 있던 몇몇을 제외한) 모든 학생들은 학교에 가지 않았어. 아이들에게는 이런 설명이 전달됐대. "마리옹은 집안 문제로 자살했으니, 앞으로 이에 대해 언급하지 마라. 그리고 마리옹 가족과 접촉하지 마라."

어느 날 저녁인가는 정말 기절하는 줄 알았는데, 학교의 침묵에 더는 참을 수 없었던 엄마는 체육 과목을 맡고 있던 네 담임 선생님에게 전화를 걸었지. 장례식이 끝나고 몇 주 지났을 때의 일이야. 그때가 3월이었고, 시간은 밤 9시 30분에서 10시 사이였던 것 같아. 식사 시간이 지나고 난 다음이었으니까.• 전화를 거니까 아내분이 받아서 네 담임을 바꿔주더구나. "안녕하세요. 마리옹 엄마입니다." 이렇게 말하자 네 담임은 대번에 툭 잘라서 이렇게 묻더구나. "무슨 용건이시죠?"

"어머님, 안녕하세요?" 이 한마디를 안 건네더구나. 너를 그렇게 보내고 나서 우리가 잘 지내고 있는지 안부조차 묻지 않았

• 프랑스의 저녁 식사 시간은 통상 밤 8시쯤이다. - 옮긴이

어. 네 죽음에 대한 애도는커녕 대뜸 이 한마디가 다였어. "무슨 용건이시죠?"

그래서 다시 내 소개를 했지. 담임의 태도에 문제가 있다는 걸 알려주기 위함이었지. "아니, 나 마리옹 엄마라고요. 마리옹 프레스, 세상을 떠난 마리옹 프레스 엄마라구요." 그러자 또 다시 같은 말만 반복하더구나. "알겠습니다, 어머님. 그런데 무슨 용건이시냐구요."

"지난 12월에 선생님께서 우리 애 성적표 보냈을 때를 기억하세요? 그때는 우리 애가 공부를 너무 잘해서 눈물이 났는데, 이제는 우리 애가 죽어서 눈물이 나네요." 그러자 네 담임은 "네, 알겠습니다. 어머님. 다시는 전화하지 마세요." 이 대목에서 나는 더 이상 참을 수가 없더구나. "우리 애가 죽기 전날, 분명 뭔가가 있었다고요. 선생님은 학교에 계셨잖아요. 마리옹이 마지막으로 들었던 수업은 선생님 수업이었다고요. 그때 대체 무슨 일이 있었던 거죠?"

엄마가 정확히 아는 정보는 없었지만, 그래도 페이스북의 개인 메시지를 통해 미루어보건대 그 수업 시간 동안 뭔가가 일어났다는 것 정도는 짐작을 하고 있었어. 탈의실에서 네 가슴하고 옷차림 문제로 애들이 널 귀찮게 했던 거지. 엄마는 그 일에 대해 좀 더 자세히 알고 싶었어. 하지만 네 담임은 앞으로 다시는 전화하지 말라는 말만 반복하면서 계속 내빼려고만 하더구나. 그러고는 이 끔찍한 말을 내뱉더구나.

"어머님, 인생 끝난 거 아니지 않습니까?"

하지만 마리옹, 네 인생은 끝났잖니? 네 인생은 더 이상 계속되지 않잖아. 우리 역시 이전과 같은 삶을 살 수는 없게 되었고. 엄마는 절규했어. "하지만 선생님, 저는 이해가 안 돼요. 마리옹은 선생님이 분명 좋은 사람이라고 말했었단 말이에요. 어쩌면 선생님도 뭔가를 알고 계신 거죠? 그런 거죠?" 내 부르짖음에도 네 담임은 계속 같은 말만 되풀이했어. "아닙니다, 어머님. 저도 모릅니다. 다시는 제게 전화하지 마세요."

엄마는 이에 반발했지. "마리옹을 그 지경으로 만든 아이들을 데리고 수업하는 거 껄끄럽지 않으세요?" 그러자 네 담임은 "제겐 선택권이 없습니다. 수업을 계속하라는 지시를 받았고, 이에 따라 수업을 계속할 뿐입니다"라고 하더구나. 하도 정신이 없어 서로 제대로 인사나 하고 전화를 끊었는지도 모르겠어.

5

외로운 사투

"도대체 왜
자꾸 알려고 하죠?"

학교는 말이 없고, 우리는 진실을
알기 위해선 싸워야 한다는 사실을 깨달았지. 베일에 싸인 네
죽음 앞에서 우리는 정말로 외로운 사투를 벌여야만 했어. 물론
우리 곁에는 친구들도 있었고, 가족들도 있었어. 경찰도 친절하
게 도와주었고, 특히 우리의 변호사 므 다비드 페르(Me David Père)
씨는 굉장히 호의적인 사람이었지. 침착하고 신중한 성격의 변
호사는 굉장히 훌륭한 분이셨어. 시간을 따지지 않고 늘 우리의
부탁에 응해주셨더랬지.

하지만 그 지난한 작업을 우리처럼 그렇게 꾸준히 이어가기
란 쉽지 않았을 거야. 우리는 기꺼이 증언을 해준다는 사람들을
찾아다니면서 이것저것 물어봤고, 소셜네트워크서비스(SNS)에
올라와 있는 모든 글들도 일일이 다 뒤져봤어. 뿐만 아니라 네

사건의 단서가 될 만한 것들은 무엇이든 다 파헤치고 다녔어.

이 책을 쓰기까지 몇 날 며칠을 그렇게 탐문 조사를 벌이며 돌아다녔지. 열세 살짜리 딸아이가 소리 없이 절규하며 자살로 생을 마감한 상황에서, 그 죽음과 관련된 의혹을 풀고자 하는 부모의 마음을 어떻게 당해낼 수 있겠니?

얼마 지나지 않아 엄마는 사람들이 나를 적대시한다는 걸 깨달았어. 어쩌면 당시의 엄마는 신경이 굉장히 예민해져 있었는지도 몰라. 하지만 사람이 죽었는데도 다들 침묵만 지키고 있다는 게 이상하지 않니? 앞길이 창창한 애들이 스스로 목숨을 끊었는데 말이야. 설명되지 않는 자살은 어딘지 꺼림칙한 구석이 있다는 거야. 심지어 너는 편지까지 남겼잖아. 너 같은 아이들이 세상을 떠나면서 남긴 편지에 간접적 책임자가 명시되어 있는 상황이라면 그건 더더욱 무언가 이상한 부분이 있다는 뜻이지.

악의적인 눈빛으로 우리를 대하던 사람들의 반응을 어떻게 설명하면 좋을까? 언젠가 일요일 오후, 외삼촌네 부부랑 다 같이 아이들을 데리고 작은 공원에 나간 적이 있었어. 거기에서 너희 학교에 다니는 남자아이들을 만났어. 물론 엄마는 그 아이들과 이야기를 나누었지. "너희들 혹시 마리옹에게 무슨 일이 있었는지 뭐 아는 거 없니? 넌 마리옹이랑 같은 반이었잖아. 마리옹에게 달라진 점이 있었어? 아줌마한테 뭐 이야기해줄 만한 거 없을까?" 그러자 아이들은 "아뇨, 없어요. 우리도 마리옹이 보고 싶어요"라고 하더구나. 그렇게 엄마는 아이들과 이야기를 나누고 있었는데, 갑자기 한 아주머니가 다가왔어. 내게 인사를 한 뒤에는 꽤 공격적으로 묻더구나. "아이들이랑 무슨 얘기를 하는 거죠?" "알아보고 싶은 게 있어서요." "뭘 그렇게 알고 싶은데요? 도대체 왜 자꾸 알려고 하죠?" 엄마는 너무 당황해서 "아니 난……"이라며 말을 얼버무리고 말았단다. 그러자 여자는 이렇게 쏘아붙이더구나. "당신이 경찰도 아니고, 대체 무슨 권리로 취조를 하고 다니는 건지 모르겠네요." 그러고는 이렇게 덧붙였어. "당신 딸이 아무 말도 안 하던가요?"

순간 엄마는 화가 치밀어 올랐어. "했어요! 다 말했어요! 확 죽어버리고 싶다고, 어디론가 떠나버리고 싶다고 말했어요. 됐어요?" 그러고도 성에 안 차 이렇게 덧붙였단다. "물론 자세한 얘기는 없었어요. 당신도 학교에서 돌아온 당신 아들이 자기 방으로 들어가면 '오늘 별 일 없었니?'라고 묻겠죠. 그러면 아이는 '응, 아무 일 없었어'라고 대답할 거구요. 그 자리에서 애한테 시시콜콜 따져 묻지는 않겠지요? 아이가 별 일 없었다고 했으니 그냥 별 일 없었다고 믿어버리고 말 거 아녜요!"

그러사 네 외삼촌이 나서면서 한마디 거들더구나. 외삼촌은 우리가 왜 이러고 다니는지, 그 이유를 알려주려 했단다. "이렇게 해야 다른 아이들도 도와줄 수 있어요. 이 일을 통해 앞으로의 사고를 막을 수 있을지도 모릅니다." 우리가 네 사건의 뒷조사를 하고 다니는 것에 대해 외삼촌은 일종의 예방책을 마련하기 위한 것이라고 설명했어. 감속기를 달고 과속방지턱과 과속탐지기를 설치하고, 경찰이 감시함으로써 자동차 사고율을 낮추는 것과 같은 이치로 말이야.

"노라가 변했어. 제정신이 아닌 데다 이것저것 질문만 퍼부어대고 다닌다니까"라며 내 뒤에서 험담한 사람들도 한둘이 아니란다. 네 죽음과 관련한 진상을 규명하려는 내 조사는 그렇게 사람들을 성가시게 만들었지.

그저 좌불안석으로 걱정하는 사람들도 있었어. 네가 남긴 편지의 내용을 몰라 불안했던 거야. 하지만 네가 편지에 남긴 이름들을 하나하나 밝힐 권리는 엄마에게 없었어. 누구도 이를 공개할 권리가 없었지. 네 사건과 관련된 아이들은 분명 자기 이름이 그 안에 들어 있을지 없을지 몰라서 불안에 떨었을 거야.

2013년 9월, 그러니까 네가 세상을 떠나고 6개월이 지난 후 네 동생을 연합 포럼에 등록하고 나오는 길에 클로에 엄마를 만났단다. 클로에 엄마는 내 눈치를 살피다가 불쑥 내 곁으로 와서 이렇게 말하더구나. "우리 딸아이가 요새 힘들어해요."

그 여자는 나한테 조의를 표하지도 않았어. 어이가 없던 엄마는 나지막이 말했지. "내 딸아이는 죽었어요." 그랬는데도 그 여자는 계속 자기 딸 얘기만 하더구나. "그건 알지만, 내 딸아이가 힘들어한다고요." "그럼, 병원에 데려가서 정신과 상담이라도 받아요!" 내가 이렇게 말했더니 클로에가 나무 뒤에 숨어 있다가 빠끔히 모습을 비추더구나. 그때 클로에 엄마가 "내 딸이 그 편지 안에 자기 이름이 있었는지 알고 싶어해요"라고 말했지. 나는 클로에 얼굴을 바라봤어. 네 친구였지. 아니, 한때 네 친구였지. "클로에, 마리옹한테 잘못한 게 있니?" "아뇨." "마리옹이랑 연락하고 지냈었니?" "아뇨." "2월 12일에 무슨 일이 있었지?" "기억이 나질 않아요." "마리옹과는 더 이상 친구 사이가 아니었니?"

클로에는 아무 말도 하지 않았어. 그래서 내가 확인하듯 한마디 해주었지. "마리옹과는 더 이상 친구가 아니었나보구나." 클로에는 "마리옹과는 친구가 아니었어요. 저는 메일리스, 쥘리아, 마농하고 놀았어요"라고 하더구나.

그때 분명히 알았단다. 클로에는 바로 그 아이들하고 같이 너를 괴롭힌 거였어. 그래서 엄마는 이렇게 정리했지. "알았다. 잘 들어, 클로에. 여기 네 엄마도 있고, 나도 있어. 넌 우리 눈을 똑바로 보고 이렇게 말했어. 너는 아무것도 기억이 나지 않는다고, 그리고 너는 마리옹에게 나쁜 짓을 하지 않았다고. 그런데 넌 뭐가 두려운 거니?" 그러자 클로에 엄마가 끼어들어 "그래 맞아, 클로에. 노라 아줌마 말 들었지? 네가 걱정할 이유가 없다고" 하더구나. 그 말이 끝나자마자 난 쏘아붙여줬어. "이제 됐죠? 앞으로 나한테 단 한마디도 하지 마요. 내 근처엔 얼씬도 마세요."

클로에 엄마는 계속 고집을 부렸어. "우리 애가 증언 진술을 했다고요. 난 그 편지 안에 무슨 내용이 있었는지 알고 싶어요." 클로에 엄마는 대체 내가 자기한테 무슨 말을 해주길 바랐던 걸까? 황당한 엄마는 그저 "난 변호사가 아니에요"라고 내뱉었지. 하지만 그 여자는 포기할 줄 모르더구나. 계속해서 편지 내용을 알려달라며 매달렸어. 나도 이 여자한테 편지 내용을 확 다 말해버리고 싶었지만, 그건 엄마 권한 밖의 일이었어. 엄마는 그 편지 내용을 발설할 수가 없었어. 그래서 마지막으로 한마디하며 그 여자를 보내버렸지. "경찰서 가서 알아보세요. 아니면 변호사를 선임하시든지. 나도 사건 관련 문건은 조회를 할 수가 없는 입장입니다." 그러자 "내 딸이 당신을 무서워해요"라고 하더구나.

정말 사람 질리게 만드는 여자였어. 이 아이가 너랑 같이 안 놀고 다른 애들하고만 어울렸다는 것도, 그러면서 너를 가슴 아프게 했다는 것도 엄마는 다 알고 있었어. 하지만 할 수 있는 일이 아무것도 없었어. 이 엄마가 자기 딸은 무고하다고 우기는 소리를 들으면서도 엄마는 침묵을 지켜야 했지. "잘 들어요, 클로에 어머니. 그건 당신 자식 문제예요. 당신 딸이 날 무서워하는 건 나랑은 상관없는 일이라고요." 내가 이렇게 반박했더니 다른 여자가 옆에서 한마디 거들더구나. "사람들이 당신에 대해 뭐라고들 하는 줄 알아요? 당신이 너무 공격적이라고, 제정신이 아니래요." 나는 그 여자를 쏘아보며 이렇게 말했단다. "그럼, 계속 그렇게 뒤에서 내 얘기나 하라고 해요!"

네가 죽은 지 1년도 더 된, 이 글을 쓰고 있는 지금 이 순간에도 엄마는 그런 소리를 듣고도 어떻게 자제력을 잃지 않고 버틸 수 있었는지 그저 신기할 따름이란다. 사람들은 마치 내가 무슨 나쁜 짓이라도 저지르고 다니는 양 굴었어. 내가 죄인이 된 것 같았다니까. 네가 모든 걸 포기하고 내려놓게 만든 이유가 무엇인지 알아보고 다닌 내가 바로 저들의 규칙을 위반한 나쁜 사람이 된 거야. 우리는 관심을 가질 필요도 없는 인간들이고, 우리의 말은 귀담아들을 가치도 없으며 최소한의 주의도 기울일 필요가 없는 그런 사람들인 거니? 우리가 딸의 죽음에 대한 진상을 규명해보겠다는데, 그 과정에서 도움조차 받지 못할 그런 사람들인 거야? 결국 ㄱ 사람들은 넌 인망히고 있었어, 바니옹. 네가 편지에서 너희 반 아이들 이름을 거론한 게 영 못마땅했던 거야. 너는 침묵의 계율을 어긴 사람이 됐어. 하지만 저들은 그 때문에 네가 목숨을 잃었다는 사실은 까맣게 잊어버렸더구나. 사람들은 다들 그렇게 자기 살 길 찾기에만 바빴단다.

2013년 3월, 시의회에서 회의한 내용을 들었을 때에도 엄마는 사람들의 이 폐쇄적인 성향에 혀를 내둘렀어. 네가 떠나고 난 후 처음으로 열린 시의회 회의 자리였는데, 우리를 도울 수 있는 방안을 제기한 일부 시의원도 있기는 있었다고 해. 그 자리에는 우리 동네 보그리뇌즈의 청소년 문제 담당 의원도 있었어. 이 여성 의원은 3킬로미터 떨어진 곳에 있는 너희 학교 경리과 직원이기도 했지. 나는 이 여자랑 꽤 말이 통하는 사이라고 생각했어. 아니, 그렇게 믿고 싶었어. 그 여성 의원과 전화도 여러 차례 했었고, 네가 속한 반을 바꿔 달라는 부탁도 했었지. 물론 성공하진 못했지만.

그날 저녁 시의회에서 그 여자는 손을 들어 발언 기회를 요청했단다. "마리옹 건과 관련해서 하고 싶은 말이 있습니다." 그 뒤 그 여자가 한 말은…… 엄마로선 너무도 큰 충격이어서 여기에 옮겨 적기조차 힘들구나. 그 여자는 당당한 태도로 이렇게 말했대. "더 이상 학교 측을 괴롭히지 말아줬으면 합니다."

그게 전부였단다. 그리고 엄마한테도 이 소식이 들려왔지. 물론 엄마는 더 이상 네가 다니던 중학교 쪽으로는 가지 않았어. 그런데 초등학교에 갈 때에도 사람들은 내가 지나가면 얼굴이 굳어지더구나. 우리한테 뭐라고 말해야 할지 몰라서 난감해하던 사람들도 있었지. 2013년 6월, 내가 아이들을 데리고 갔던 갈라 파티에서 내 옆에 앉았던 여자도 비슷했어. 그 여자는 내게 이렇게 속삭였지. "노라, 당신한테 정말 무슨 말을 해야 하는 건지 모르겠어요⋯⋯." 그래서 난 이렇게 대답했단다. "그러실 필요 없어요. 곤란한 상황인 거 압니다. 그저 멀리서 우릴 보며 웃어주기만 하면 돼요. 고갯짓이나 손짓 정도만으로도 충분해요." 우리에게 딱히 뭐라고 말은 건네지 않았지만, 묵묵히 뒤에서 공감하며 안타까워해주던 고마운 사람들이 누구인지 대략 짐작은 하고 있단다. 너를 그렇게 보내고 난 뒤 2월의 방학 기간 동안 우리가 피신해 있던 집의 주인처럼, 그 시기에 우리를 가족처럼 따뜻하게 보듬어주던 그 사람들 이름은 하나하나 다 열거할 수 있을 것 같아.

2014년 3월, 시의회 선거에서 엄마는 마지막 주자로 후보에 나섰어. 물론 선거에서 이길 생각은 없었단다. 엄마가 참석했던 공청회 자리에서 내게 적대적이었던 어떤 엄마 하나가 자이아 아줌마한테 가서 이렇게 말했다는구나. "노라한테 말 좀 잘해봐. 그 사건이 일어난 뒤로 마을이 둘로 나뉘었잖아." "뭔 소리야? 무슨 사건?" "그 왜, 마리옹 죽은 사건 말이야. 그 뒤로 노라가 나한테 말도 안 건다고." "그러는 너도 노라에게 아무 말도 안 걸잖아? 노라를 만나러 가본 적이나 있어?" "아니." "노라네 집이 너희 집에서 엎어지면 코 닿을 거리인데 가서 직접 말해." "안 돼, 네가 대신 좀 말해줘. 노라하고는 말 못 하겠어. 사람들 다 노라한테 등을 돌렸다고." 마치 잘못한 쪽은 엄마라는 듯한 분위기였지. 엄마가 우리 동네의 평화를 깨트렸다는 거야. 사람들은 그렇게 엄마를 비난하고 있더구나. 엄마는 단지 내 딸한테 무슨 일이 일어났는지, 그 진실을 알고 싶었을 뿐인데.

그렇게 우리 가족에 대한 막연한 반감이 퍼져나갔어. 사람들이 우리한테 말해주어서 알게 된 것도 있고, 우리 스스로 느낀 부분도 있었지. 우리는 학교와 외로운 사투를 벌인다는 생각에 점점 더 고립돼 갔어. 학교 사람들은 우리와 아예 벽을 쌓고 지냈지. 어쨌든 우리가 느낀 인상은 그랬어. 아무도 우리 앞에 얼굴을 드러내지 않았으니까.

네 장례식이 끝난 뒤, 우리는 3학년 학생들에게 배포된 2사분기 성적표를 받아오려고 했었어. 거기에 네 행동발달사항이 반영돼 있는지 확인해보고 싶었거든. 학교 측은 이 성적표를 우편으로 보냈다고 했지만, 그런 것 같지는 않더구나. 우리는 1월 한 달과 2월 초에 너의 학교생활이 어땠는지, 그리고 이 시기에 네 성적은 어땠는지가 궁금했을 뿐인데 말이지.

엄마는 학부모 대표에게 학교 측과 면담하게 해달라고 부탁했단다. 한번 노력해보겠다고는 하더구나. 하지만 그 뒤로 그 여자는 감감무소식이었지. 난 전화와 문자로 끈질기게 연락하면서 정말 얼마나 집요하게 따라다녔는지 몰라. 하루는 매우 다급한 목소리로 전화를 받더구나. 지금 학교 정문 앞인데, 아이들을 데리러 가야 한다는 거야. 그래서 그 참에 물어봤지. "교장은 만나보셨나요?" 아직 안 만나봤다고 하기에 엄마는 이렇게 되물었어. "왜 교장을 찾아가서 면담을 요청해주지 않는 거죠?" 결국 문자로 엄마가 원하던 답을 통보받았단다.

"9시 30분 에브리에 가서 해당 자료를 가져가시면 됩니다."

에브리는 지방 교육청이 있는 곳이었어. 집에서 꽤 멀리 떨어진 곳이었지. 그곳에는 너를 아는 사람이 아무도 없지 않니? 그래서 이건 말도 안 되는 경우라고 회신했지. 우리는 에브리 지방 교육청에는 가지 않을 작정이었어. 불과 차로 5분 거리에 학교가 있는데, 에브리까지 갈 이유도 없을뿐더러 우리는 학교에서 우리의 면담을 받아주길 원했단다.

굉장히 오랜 싸움이었어. 최근에 알게 된 사실은 교장이 이와 관련하여 교육청에 문의 서신을 넣었다는 거야. 교장은 우리가 직접 네 성적표를 받고자 한다면서 교육청에 "해당 학생 부모에게 이를 제출해야 할 의무가 있습니까?"라고 물었대.

"해당 학생 부모에게 이를 제출해야 할 의무가 있습니까?"라니……. 마치 우리가 공공의 적 1호가 된 것 같더구나. 물론 우리가 이 사람을 고소하긴 했지만, 이 사람이 우리 입장이었어도 마찬가지가 아니었을까? 만일 이 교장이란 작자가 좀 더 좋은 사람이었다면 진작 우리의 면담에 응해줬었겠지. 아마 자신의 책임을 다했을 거야. 사태의 심각함을 알리고, 네가 그렇게 죽음으로 치닫지 않도록 사람들과 함께 책임을 분담했었겠지. 하지만 "해당 학생 부모에게 이를 제출해야 할 의무가 있습니까?"라고 묻던 그는 그런 사람이 아니었어. 그가 이런 질문을 한 이유는 자신의 방패막이 필요해서였겠지.

약간의 인정만 있었어도 그는 기꺼이 우리의 면담 요청을 받아줬을 거야. 네가 죽은 다음 우리 가족을 더 많은 관심으로 지켜봐줬겠지. 그랬다면 우리도 학교에 맞서거나 하지는 않았을 거야.

우리는 이 부분에 대해 교육부 장관에게 호소했단다. 그래도 뱅상 페용 장관은 장례식 날 우리에게 친히 전화까지 걸어주었어. 교육부 산하 부서에서 행정 조사까지 실시했어. 비록 나중에는 버려졌다는 느낌을 받긴 했지만, 그래도 이때까지는 당국이 이예 나 몰라라 하지는 않는 것 같다는 느낌을 받았단다.

네가 떠나고 두 달이 지난 4월 15일, 학교 폭력에 관한 보고

5 _ 외로운 사투

서를 썼던 에릭 드바르비외(Éric Debarbieux) 교육부 장관 대행의 중재 및 교육부의 요청에 따라 결국 학교가 문을 열어주었어. 우리는 네가 죽은 다음 날, 프랑스 3(France 3) 방송국에서 제멋대로 인터뷰했던 망할 그 부교육감과 더불어 네 담임선생의 출석을 요구했단다. 하지만 두 사람 모두 그 자리엔 나오지 않았어. 둘 다 우리에게 일절 양해를 구하지 않았고, 불참에 대한 해명도 내놓지 않았지.

학교 정문에서 우리를 맞아주는 사람은 아무도 없었단다. 우리가 로비에 도착하자 교내 감독관 한 명과 부교육감이 급하게 대리로 파견한 교육청 측 학생 지도 담당자 한 명이 우리를 맞아주더구나. 교장은 2층의 교장실로 이어지는 구름다리 위에 우두커니 서 있었고.

교장실에 들어가니 교감도 보이더구나. 그리고 교장실 회의 테이블 위에 네 성적표가 놓여 있었지. 네 아빠와 난 우리가 대면하길 원했던 두 사람, 즉 부교육감과 네 담임이 그 자리에 없는 게 유감스러웠어. 엄마는 프랑스 3 방송에서 부교육감에게 마이크를 넘기기 전에 했던 대사를 한마디 한마디 또박또박 읊었어. "마리옹은 몇몇 학생들의 놀림감이 되었습니다. 이는 교육청 감찰을 통해 확인된 사실입니다." 부교육감도 이 사실을 부인하진 않았었지.

나는 너의 전반을 요구했던 사실을 학교 측에 다시 한 번 상기시켜주었어. 그러자 학교 측은 그건 불가능한 일이었다고 답하더구나. 그러면서도 3학년 C반의 수업 분위기가 얼마나 안 좋았는지에 대해서는 부인하지 않았지. 나는 교장한테 네가 세상을 떠난 이후 네 문제에 대해 관심을 기울인 적이 있느냐고 물었어. 그랬더니 교장은 "지난 일들을 들춰보지는 않았습니다"라며 형편없는 답을 내놓더라. 학교에서 우리한테 전해준 네 성적표에는 학교생활 관련 항목이 20점 만점에 20점으로 되어 있었어. 네 생활 기록 수첩에는 분명 네가 죽기 전 3주 동안 생활 태도에 변화가 나타나고, 무단 지각도 수없이 반복한 데다 수업 시간에 떠들고 언행도 바르지 못했으며 과제물 제출도 안 했다는 선생님들 지적이 있었는데, 대체 이 20점 만점에 20점이란 점수는 어디에서 나온 걸까?

학교 측은 너를 추모하며 열댓 명 정도 되는 학생들이 남긴 메시지 보드를 건네줬단다. 엄마는 여기에 글을 쓴 아이들의 이름이 써져 있느냐고 물었지. 그러자 교장은 칼같이 잘라 말하더구나. "아닙니다. 학생들 이름은 하나도 없습니다." 그날 교장실 문 앞에서 교장은 교직원들이 마리옹에게 조의를 표해도 되냐고 물어왔어. 우리는 관련 조사가 진행 중이라 안 된다고 거절했지. 그날 선생들 몇 명이나마 그 자리에 참석했더라면, 그 자체만으로 훌륭한 조문이 되지 않았을까 싶어.

하지만 이젠 너무 늦었지. 이제 와서 너에게 조의를 표하다니……. 심지어 네 담임은 그날 회의 자리에 참석조차 안 했는데, 이제 와서 조문한다는 게 말이 된다고 생각하니? 우리는 지난 두 달간 학교 측의 태도에 보통 실망한 것이 아니었어. 그동안 우리는 학교에 대해 너무 많은 걸 알게 됐지.

회의 자리에서 나한테 발언 기회가 오자, 교장은 내 말을 가로막으며 이렇게 말하더라. "어머님께서 회의를 주재하실 건가요?" 나는 교장에게 학교 인터넷 사이트 관리자가 누구냐고 물었어. "왜 그러시죠?" 교장이 되려 반문하기에 다시 한 번 물었어. "학교 홍보 책임자가 누구인지 알고 싶습니다." 책임자는 바로 교장이었어. 스페인어 수업 시간에 학교 측에서 촬영한 동영상이 아직도 인터넷에 유포되고 있었거든. 학급 아이들 중 스페인어 실력이 제일 우수했던지라 영상 속엔 네 모습이 상당히 많이 나오더구나. 엄마는 그게 싫었어. 그래서 학교 측에 네가 나온 영상을 내려달라고 부탁했지. 그렇게라도 상징적으로 널 학교에서 빼내오고 싶었단다. 엄마는 노여움에 사로잡혀 이렇게 내뱉었어. "당신들은 마리옹이 죽었고, 마리옹 영상이 계속 돌아다닌다는 사실을 알고두 전혀 개의치 않나 봐요?" 그러사 교장은 영상이 컴퓨터 안에 있을 뿐이니 자기하고는 관련 없는 일이라고 말하더라. "참 친절하시네요. 거기 영상에 나오는 아이가 내 딸 아니던가요?"

네 사물함과 관련해서도 미심쩍은 데가 있었어. 네가 한두 달쯤 전부터 사용하지 않은 핸드백 속에는 열쇠와 자물쇠가 들어 있었는데, 열쇠도 없이 어떻게 학교 사물함 안에 네 짐을 챙겨넣었던 거니? 우리는 네가 언젠가부터 학교 사물함을 사용하지 않았던 걸로 결론 내렸단다. 도대체 왜 그랬니? 너는 네 사물함을 네 '절친'이라던 클로에와 함께 쓰고 있었어. 한때는 절친이었지만 이제는 너를 괴롭힌 주범들 가운데 하나인 그 클로에하고 말이야. 아이들이 사물함에서 네 짐을 다 치워버린 거니? 심지어 학교 사물함도 네 맘대로 못 쓰게 된 상황이었던 거야? 그렇게 불편하게 생활하고 있었어?

나는 교장에게 지난 2월 14일에 우리가 네 짐을 가지러 왔을 때, 그때 네 짐이 사물함에 있었던 거냐고 물었어. 교장은 태연하게 "그럼요, 당연하죠!"라고 답하더구나. "그걸 선생님이 어떻게 알죠?" "이름이 써져 있으니까요." "모든 물품에 이름이 쓰인 건 아니었는데요. 특히 과자 트레이 같은 것에는 이름이 없었어요." 사실 우리가 알고 싶었던 진실은 누가 사물함을 열었느냐는 것이었어. 경찰이 열었던 걸까? 교장의 대답은 단호했어. "아닙니다. 사물함을 함께 쓰던 학생이 열었어요." 우리는 사물함이 원래 한 사람씩 사용했던 것인지, 아니면 같이 쓰기도 했던 것인지 전혀 알 수가 없었지. 마치 네가 내다버린 것처럼 핸드백 속에 내팽겨져 있던 네 자물쇠와 관련된 비밀은 결코 풀 수 없는 문제가 되었어.

심지어 교장은 나를 나무라기까지 하더구나. "어머님께서 우리 학생들을 찾아다니며 조사하고 다니신다고요? 학교 선생님들한테도 이것저것 물어보고 다니시더군요." 엄마는 깜짝 놀라 소리쳤어. "엄연히 난 두 발로 걸어 다닐 자유가 있는 사람이에요. 반대 증거가 나오기 전까지는 얼마든지 내가 말 걸고 싶은 사람한테 말을 걸 수 있다고요!"

마지막에는 에릭 드바르비외 씨도 놀라더구나. "여전히 애도의 인사는 건네지 않으시네요?" 교장은 아무 대답도 하지 않았단다. 마치 침묵만이 능사인 듯……

6

빨간 장미 꽃다발

"마리옹이 머릿속에서
떠나질 않아요"

매일 아침, 엄마는 널 만나러 네 무덤에 갔어. 그리고 저녁마다 다시 가서 촛불을 켜두었어. 그런데 매주 금요일마다 빨간 장미 꽃다발 하나가 놓여 있더구나. 가져온 사람의 이름도 없이, 그저 빨간 장미꽃만 덩그러니 놓여 있었어. 너에게 이 꽃다발을 가져다줄 만한 사람이 누구인지 몰라 왠지 좀 꺼림칙하더구나.

언젠가 금요일에는 점심때쯤 친구 집에서 나왔는데, 무의식중에 네가 있는 곳으로 향했단다. 좌회전해야 하는데 나도 모르게 우회전을 해버렸어. 엄마의 의지와 상관없이 차가 엄마를 네 곁으로 데려간 거지. 생각 없이 기계적으로 엄마 몸이 그렇게 움직였어.

네 무덤가에서 한 남자가 울고 있더구나. 거의 오열하는 듯한 모습이었어. 뭔가 좀 이상했지. 이 남자는 대체 누구기에 너한테 와서 이렇듯 눈물을 쏟고 있는 걸까? 이 광경을 보고 엄마는 온 몸이 굳어지는 것 같았어. 이 사람은 너한테 무슨 짓을 했기에 이렇게 네 무덤에 와서 목 놓아 우는 걸까?

엄마는 무뚝뚝한 말투로 소리쳤지. "여기서 뭐하시는 거죠? 누구세요?" 남자가 천천히 엄마를 돌아봤어. 모르는 사람이었 어. 그런데 얼굴 윤곽이 어딘가 낯이 익더구나. 그의 얼굴에서 아들의 모습이 보였지. 바로 로맹의 아버지였어.

"로맹 애비되는 사람입니다." 로맹의 아버지는 또박또박 말 하면서 자기소개를 했단다. "네, 그러신 것 같군요." 너무도 당 혹스런 상황이었어. "그런데 거기서 뭐하시는 거예요? 왜 울고 계시죠?" 로맹의 아버지는 실의에 빠진 기색이 역력했어. "따 님을 그렇게 보낸 후 상심이 컸습니다. 그건 로맹도 마찬가지구 요." 로맹의 아버지는 마리옹 네가 죽은 뒤 매일 네 묘소를 찾아 왔다고 하더구나. "금요일 오후에는 로맹과 함께 와서 마리옹에 게 꽃을 두고 갑니다."

엄마가 약간 경계하는 눈빛으로 계속 의아해하자 로맹의 아 버지는 이렇게 설명하셨어. "만일 내 아들이 뭔가 잘못을 했다 면 그 애에 대한 모든 처분을 마리옹 어머님께 맡기겠습니다." 이어 이렇게 말씀하셨지. "하지만 로맹이 말하기를, 단언컨대

6_ 빨간 장미 꽃다발

자기는 마리옹에게 나쁜 짓을 하나도 하지 않았대요. 제 아들이 따님의 죽음과 관련되어 있다면 제 손으로 직접 아들놈을 경찰에 넘길 겁니다." 그리고 로맹의 아버지는 우리에게 직접 와서 조의를 표하지 못해 미안하다고 얘기했어. "마리옹 부모님을 직접 찾아뵐 수가 없었습니다. 학교 측에선 마리옹 가족들과의 연락을 자제해달라고 호소했거든요. 학교에도 전화를 걸어봤지만, 매번 같은 말만 반복할 뿐이었습니다." 로맹의 아버지는 자기처럼 다른 학부모들 역시 우리를 찾아와 지지 의사를 표명하고 싶었지만, 학교 측에서 계속 막았다고 덧붙였어.

이 책을 쓰는 지금까지도 로맹의 아버지는 종종 네 무덤을 찾으신단다. 그러고는 한참을 우두커니 있다 가곤 하시지. 한번은 이런 말씀까지 하셨어. "안 믿으시겠지만, 저로서는 며느리 같은 아이가 세상을 떠난 겁니다." 마리옹, 이 모든 사람들이 아직도 여전히 널 사랑하고 있다는 게 믿어지니? 지금도 로맹은 매주 금요일이면 네 묘지에 가서 빨간 장미 꽃다발을 놓고 온단다.

2014년 봄에는 로맹 가족도 손해 배상을 청구하기로 결심했대. 로맹의 삶도 순탄치 못했거든. 로맹도 네가 떠난 후 받은 타격이 꽤 컸고, 아무도 로맹에게 말을 걸지 않았다나봐. 어떤 사람들은 네가 로맹 때문에 자살한 거라는 유언비어도 퍼뜨렸어. 결국 로맹은 다른 동네의 학교로 전학을 가야 했대. 로맹의 할머니 할아버지가 계신 곳이었는데, 일주일에 이틀은 그곳에 기거하며 학교에 다녔다고 하더라. 그래도 지역은 여전히 같아서 거리를 돌아다니다가 널 괴롭힌 아이들과 왕왕 마주치곤 했대. 너와 관련한 사건은 열세 살 소년에게 지울 수 없는 상처를 남겼고, 로맹은 당시의 일로부터 쉽게 헤어나질 못했단다.

로맹은 간신히 학사 일정을 마칠 수 있었는데, 네가 떠난 뒤 그 아이가 너무 힘들어해서 로맹의 부모님도 걱정이 많으셨더구나. 로맹의 부모님은 학교 측에 "로맹한테 신경 좀 많이 써주세요. 로맹에게 작은 일 하나라도 생기면 즉시 연락해주세요"라고 미리 알렸다는데, 실질적으로 로맹을 주의 깊게 관찰해주는 사람은 아무도 없었대.

게다가 이상한 일들이 한두 개가 아니었나봐. 한번은 이런 일도 있었대. 어느 날 보건 교사가 로맹을 불러서 보건실(양호실)에 갔는데, 그곳엔 팔목을 그어 자살 시도를 한 여자아이가 와 있었대. 로맹을 그 자리에 부른 보건 교사는 로맹한테 여자아이의 소매를 걷어 올려 피가 철철 흐르는 팔을 보도록 했대. 이 일로 로맹은 꽤 큰 충격을 받았나보더구나. 대체 이 선생은 왜 그랬을까? 아무도 그 행동을 이해할 수 없을 거야. 보건 교사는 그 여자아이의 부탁으로 그랬다는데, 말도 안 되는 핑계지. 이 일을 전해들은 로맹의 부모님도 도무지 납득이 되질 않아 학교 측에

6_ 빨간 장미 꽃다발

강하게 항의했다나봐. "도대체 왜 그런 짓을 한 거죠? 우리 아이에게 죄책감을 느끼게 하고 싶었나요?"

또 언젠가 하루는 아침 9시에 수업이 있는 날이었는데, 학교에서 11시쯤 전화가 왔더래. 로맹이 학교에 오지 않았다고 말이야. 로맹은 휴대폰도 받지 않더래. 너무도 놀란 로맹의 부모님은 사방팔방으로 아들을 찾아다녔대. 정오쯤에 학교에서 다시 전화가 왔대. "잘 해결됐습니다. 아드님을 찾았어요. 보건 교사가 학생 하나를 도와달라고 했었다는군요. 보건 교사가 우리한테 그 사실을 알린다는 걸 깜빡하셨대요. 전화를 받지 않아서 우리는 로맹이 결석한 줄 알았지 뭐예요."

로맹의 부모님은 학교 측과의 면담을 요청했지만, 면담 일정을 잡는 게 보통 어려운 일이 아니었다고 하더구나. 가까스로 면담 일정을 잡긴 했는데 전날쯤인가 돌연 학교 측에서 연락이 와 취소하더래. 새로운 면담 일정도 잡아주지 않고 말이야.

결국 로맹의 부모님은 지방 교육청에 편지를 보내 안전상의 이유로 아들을 더 이상 이 학교에 보낼 수 없을 것 같다고 설명했대. 그러면서 아들을 다른 학교로 전학시켜달라고 요청까지 했대. 로맹의 아버지가 그렇게 이야기를 했는데도 학교 측은 계속 사건을 축소시키려고만 하더래. 문제를 삼추는 데 급급했던 게지. 그래서 로맹의 부모님은 휴가를 내고 직접 로맹을 돌보면서 교외 시골로 나가 휴식을 취할 수밖에 없었다고 해. 다시 집으로 돌아왔더니 6월에 로맹의 결석에 대한 설명을 요구하는 학교 측 서신이 와 있더란다.

로맹의 아버지와 첫 대면했던 그 당시에는 이런 얘기들을 전혀 모르던 상태였어. 로맹에 대해 엄마가 확실히 알고 있던 내용은 너희가 서로 좋아하는 사이였다는 것뿐이었지. 열세 살 아이들의 연애이긴 했지만 어쨌든 연애는 연애였어. 그때의 연애가 평생 가는 것은 아니지만, 그 나이대 아이들은 이런 사실을 모르지. 물론 그때 관계가 평생을 가는 경우도 있기는 해.

어쨌든 엄마는 네가 친구들과 그렇게 많은 메시지를 주고받는 줄 몰랐었어. 페이스북과 휴대폰에 남겨진 수많은 메시지도 이제야 그 존재를 알아차렸고, 엄마가 모르는 네 삶의 일부분이 그렇게 커져가고 있다는 것도 이제야 깨달았지. 마리옹 너는 그렇게 네 비밀의 정원을 키워가고 있었어. 엄마는 초대받지 못하는 네 안의 작은 공간을 넌 그렇게 만들어가고 있었던 거야.

엄마는 사실 너에 대한 모든 걸 알고 있다고 생각했단다. 자식을 사랑하고, 또 자식과 자신이 한 몸이라고 생각하는 엄마들은 너도 알다시피 그렇게 한 박자 느리게 마련이야. 네가 청소년기에 접어들어 어엿한 숙녀가 되어가고 있다는 건 알았지만, 네 날개까지 그렇게 돋아나고 있다는 건 미처 생각지 못했어. 학교라는 이름의 정글 속에서 청소년기 아이들의 악의적인 장난에 휘말려 있던 순간, 너는 엄마 아빠에게 도움을 요청하지 않았지. 이제 막 풋풋한 어른이 되었다는 자부심과 더불어, 우리를 실망시키면 어떡하나 하는 어린애 같은 두려움 사이에서 너는 그렇게 홀로 힘들어하고만 있었지.

엄마는 너를 그렇게 혼자만 내버려둔 로맹이 원망스러웠단다. 네가 그 지경이 되기까지 로맹의 책임이 아주 없다는 확신이 들지가 않았었어. 네가 편지에서 언급한 다른 아이들과 마찬가지로 로맹 역시 네 죽음에 일말의 책임이 있다고 생각했지.

네가 떠나고 한 달 뒤, 엄마는 여전히 안개 속을 헤매는 기분이었어. 맨 처음 네가 엄마한테 와서 로맹 이야기를 꺼낸 건 2012년 12월 말이었어. 우리는 늘 그렇게 모든 걸 숨김없이 이야기했었는데, 네가 모든 이야기를 정말 다 털어놓은 건 아니었다는 사실을 엄마는 이제야 알았단다. 가령 네 남자친구인 로맹에 관한 일이라면 뭐든 다 스스럼없이 이야기해주었지만, 친구들에게 놀림을 당하거나 욕을 듣고 수모를 겪은 일에 대해서는 굳게 입을 닫았지. 엄마 아빠를 속상하게 하지 않으려는 것이었는지는 몰라도, 너는 마치 이 모든 괴롭힘이 웹상에서만 일어나는 것처럼 믿들었어. 그렇게 오프라인의 삶에서는 지워져버렸지.

마리옹, 너는 로맹이 정말 멋진 아이라며 자랑했어. 다른 아이들과는 다르다고, 로맹은 정말 못 하는 게 없다고, 뭐든 다 뛰어나다고 얘기했었지. 멋도 잘 부리고, 패션 감각도 뛰어나고, 공부도 잘한다고 말이야. 그리고 무엇보다도 '정말 잘생겼다'고 했었지. 그래, 사실이더구나. 로맹은 정말 근사하고 멋지고 잘생긴 아이였어. 섬세한 데다 너처럼 수줍음도 많았지. "로맹은 달라. 다른 애들하고는 정말 달라." 넌 이 말을 입에 달고 살았어. 로맹이 그렇게 남다른 아이라서 네가 로맹을 더 좋아하기도 했었지. 너 또한 네 자신이 다른 애들과는 다르다고 생각했었으니까. 너희 둘은 서로의 진가를 알아보고 조심스레 사귀기 시작했어.

집안사람들을 만날 때마다 너는 코앞에 휴대폰을 들이밀며 "봐봐, 얘가 로맹이야!" 하면서 로맹의 사진을 보여줬지. 아침, 점심, 저녁 식사 때마다 너는 로맹 이야기를 풀어놓았고, 우리는 그 얘기를 들으면서 즐거워했었어.

그래, 마리옹 너는 그 아이에게 정말 흠뻑 빠져 있었단다. 1월 2일 수요일, 너희 둘이 맥도날드에서 점심을 먹기로 약속했다고 해서 엄마가 맥도날드까지 데려다준 적이 있었지. 엄마는 너희 두 사람의 교제 사실을 알고도 크게 신경 쓰지 않았어. 그저 "네가 성적만 떨어뜨리지 않고 문란하게 놀거나 하지 않으면 괜찮아"라고 주의만 주었을 뿐이지. 못하게 하면 할수록 아이들은 더욱 더 엇나가게 마련이니까.

예전에도 네가 누군가를 좋아한 적은 있었어. 그때도 넌 진심이었지. 초등학교 4학년 때 이미 남자친구가 있었는데, 너보다 한 학년 위였던 그 남자아이는 이듬해 중학교에 들어갔어. 중학생이 된 이 남자아이에게 다른 여자친구가 생긴 걸 알았을 때 너는 크게 상심했었지. 아마도 너는 머릿속으로 이상적인 연인상을 그려두고 있었나봐. 평생 헤어지지 않고 죽을 때까지 행복하게 사는, 그런 연인을 꿈꾸고 있었던 거야. "한번 누군가를 만나면 끝까지 가야지"라고 했었으니까. 물론 그런 사람들도 있기는 해. 너는 내 조카, 그러니까 네 사촌이지? 그 애의 만남 같은, 그런 운명적인 만남을 동경했었나봐. 그 커플은 중학교 3학년, 4학년 때 처음 만난 뒤로 쭉 사귀어 15년이 넘도록 한결같은 관계를 이어오고 있었으니까.

너는 다음 날 로맹을 만나기 위해 학교에 갈 만큼 이 아이에게 푹 빠져 있었어. 로맹은 네가 자기한테 이런 말도 했대. "내가 학교에 가는 이유는 다 너 때문이야!"라고.

너희가 주고받은 사랑의 문자는 정말 끝이 없었어. 오후 4시부터 저녁 7시까지, 로맹과 넌 줄곧 문자를 주고받으며 시간을 보냈었어. 마치 서로 대화를 나누는 것처럼 그렇게 문자를 주고받았지. 대화가 정말 끊임없이 이어지더구나. 둘 다 성격이 내성적이어서 말보다는 글로 서로의 마음을 털어놓았던 것 같아.

문제는 너희 둘의 교제 사실을 다른 애들도 알게 되었다는 거야. 성품이 올바르지 못한 아이들에게 네가 로맹과의 관계를 털어놓은 것이지. 네가 세상을 뜨기 전날인 2월 12일, 너는 결국 로맹과 헤어졌어. 너 때문에 로맹이 다른 아이들과 마찰을 빚는 게 싫었던 게지. 그래서 로맹한테 "우리 둘 다 이제 그만해야 할 것 같아. 그렇지 않으면 다른 애들이 너도 못살게 굴 거야"라는 내용의 안타까운 문자를 보냈더랬지.

그날, 네 휴대폰에 별의별 메시지가 다 들어와 있었어. 긴장 상태가 정말 극에 달했었지. 심지어 어떤 애는 "학교 안에 너에 관한 루머가 파다해"라며 협박성 경고를 담은 메시지까지 보냈 더구나. 하지만 네가 수요일에 받은 마지막 메시지는 바로 로맹 의 문자였어. 오전 11시 49분에 들어왔던 로맹의 문자에는 "네 낯짝에 관한 얘기야"라는 불친절한 메시지가 적혀 있었지.

'네 낯짝'이라니…… 네 예쁜 얼굴을 두고 어쩜 그렇게 험한 말을 할 수 있는 걸까? 너한테 이런 표현을 쓴 애가 정말 네 '남 자친구' 맞는 거니? 그게 정말 네가 받은 마지막 문자였어? 그 런 아이라면 남자친구라는 말을 들을 자격도 없어. 그리고 몇 분 뒤 너는 자살을 기도했으니까.

엄마는 이 문자의 존재를 꽤 나중에 알게 됐어. 알고 보니 죽 기 전 몇 시간 동안 너희 둘은 굉장히 많은 대화를 주고받았더구나. 엄마는 네가 죽기 전에 일어났던 모든 주변 일들에 대해 늘 최악의 상황을 상상하고 있었어. 그러니 묘지에서 만난 로맹의 아버지가 반가울 리 없었지. 엄마 마음을 이해할 수 있겠니?

하지만 나중에는 상황을 다 이해하게 되었단다. 물론 로맹이 그런 식으로 말해서는 안 되었지만, 그렇다고 네가 그렇게 자살을 시도할 줄은 로맹 역시 꿈에도 몰랐을 거야. 게다가 로맹이 너한테 보낸 메시지들을 확인해보니 95퍼센트 정도는 매우 다정하고 따뜻한 사랑의 메시지들이었더구나. 한두 개 정도 거슬리는 메시지가 있긴 했다만, 연령 불문하고 사랑에 빠지면 상대와의 불화는 있게 마련이니까.

2월 13일 너의 자살 사건이 있은 직후, 경찰은 몇몇 학생들을 불러 취조했단다. 그중엔 로맹도 포함돼 있었어. 로맹은 학교에서 다른 아이들이 너를 괴롭혔다고 분명히 진술했대. 한 두세 명은 실명까지 거론했다는구나. 네가 남긴 유서를 보지 못한 상태에서 로맹도 너와 똑같은 이름을 언급했대. 게다가 마리옹 네가 이 아이들에 대해 이야기할 때 사용한 표현들과 정확히 일치하는 표현을 써서 이 아이들에 대해 말했다고 했어. 어떤 여자애는 정말 너한테 '악의적으로 못되게 굴었다'고 하더구나. 네가 마지막으로 남긴 편지에두 이런 표현이 나왔었지. "나한테 참 악의적으로 못되게 굴었어. 내가 죽는다면 부분적으로는 네 책임도 있어"라고.

　로맹은 엄마가 몇 가지 핵심적인 부분들을 이해하는 데 도움을 주었단다. 네가 떠나기 2주 전에 나와 함께 병원에 갔던 일, 기억나니? 그때 너는 몸이 굉장히 많이 야윈 상태였어. 핏기 하나 없이 푸르스름한 손은 제대로 주먹조차 쥘 수 없었고. 그래서 엄마는 네가 혹시 거식증에 걸린 것은 아닌지 걱정했어. 사춘기 여자애들은 대개 살찌는 것에 무척 민감하니까. 하지만 의사 선생님께서는 네가 치아 교정기 때문에 식욕을 잃어서 그런 것뿐이라고 말씀해주셔서 엄마는 일단 마음을 놓았단다.

　그런데 로맹은 네가 학교 식당에서 거의 아무것도 먹지 못했다고 하더구나. 빵만 조금 뜯어먹다 말았다고 했어. 어릴 때 넌 살이 좀 찌긴 했었지. 호흡기 알레르기를 치료하기 위해 복용 중이던 코르티손 호르몬제 때문에 식욕이 왕성했었으니까. 하지만 2년이 지나 약을 끊은 뒤로는 자연히 식욕도 떨어졌지.

　로맹은 다른 일화들도 몇 달에 걸쳐 엄마한테 세세하게 알려주었어. 물론 처음엔 털어놓는 걸 꺼려하더구나. 로맹의 아버지는 보복이 두려워서 그런 거라고 했어. 시간이 가면서 로맹은 모든 얘기를 다 털어놓았어. 로맹 덕분에 우리는 1월 말쯤 두세 명의 아이들이 복도에서 너를 괴롭히곤 했었다는 사실을 새롭게 알게 됐지. 그 애들은 네 신발을 벗겨서 멀리 집어던졌다고 했어. 엄마는 전혀 몰랐던 사실이었어. 어쩔 수 없이 넌 맨발 상태로 있었는데, 아무도 나서서 도와주질 않았다고 하더구나. 전체 학급 사진을 촬영하던 날도 마찬가지였어. 그 애들은 널 가만히 내버려두지 않았어.

네가 왜 그런 굳은 표정으로 사진을 찍었는지 이제야 이해가 돼. 사진 속의 너는 조금의 웃음기도 없이 완전히 굳어 있는 표정이었지. 엄마가 네 휴대폰에서 발견한 문자들 중에는 "지난번에 그런 일을 겪었으니, 원피스 따윈 두 번 다시 입지 않을 거야!"라는 내용이 있었는데, 네가 로맹한테 보냈던 이 문자가 무슨 의미였는지 이젠 좀 알 것 같아. 촬영 전에 두세 명의 남자애들이 너를 구석에 몰아넣고는 네 치마를 들치고 엉덩이를 만졌었다고…….

그날 네가 원피스를 입었던 건 졸업 사진 주제가 이브닝드레스 같은 우아한 옷차림이었기 때문이야. 너는 촬영 콘셉트에 맞게끔 차려 입고 갔을 뿐이지. 그런데 사진을 찍기 전에 잠시 쉬는 동안 이 세 녀석이 네 몸을 만지작거렸다니, 말하자면 너는 성희롱을 당한 셈이었어. 그래놓고도 아이들이 널 걸레 취급한 거였니?

로맹은 자기 아버지한테 이날의 만행에 대해 얘기했고, 로맹의 아버지는 다시 나한테 이 얘기를 들려주었어. 엄마는 "마리옹을 도와주려 한 적은 있었는지 로맹에게 한번 물어봐주세요"
라고 되물었단다. 불쌍한 로맹은 신발 사건 때만 해도 끼어들어
너를 도와주었는데 원피스 사건 때는 차마 그러지 못했다고 했
어. 문제의 사건은 운동장에서 벌어졌는데, 남자애들 여럿이 네
치마를 들치고 손으로 엉덩이를 만지면서 널 희롱했었대. 널 괴
롭힌 애들은 세 명 정도였는데, 로맹은 그 상황에 감히 끼어들
수가 없었다고 했어. 겁이 났대. 그런데 학생들을 관리하는 교
내 감독관들도 아무런 조치를 취하지 않았다더구나.

　로맹은 용기를 내서 엄마를 만나러 와주었어. 엄마처럼 로맹
역시 상당한 죄책감에 시달리는 듯했어. 로맹은 네가 그렇게 힘
들어할 줄 몰랐다면서 널 도와주지 못한 자신을 자책하고 있었
어. 너에 대한 이야기를 입 밖으로 꺼내는 게 로맹에겐 결코 쉬
운 일이 아니었어. 엄마는 계속 로맹의 아버지와 연락을 주고받
으면서 한 가지 사실을 알게 됐단다. 바로 너희 두 사람이 서서
히 감정을 키워가면서 네 이상향에 가까운 관계로 발전되고 있
었다는 사실을 말이지. 너를 묘사할 때에는 로맹도 엄마와 비슷
한 표현을 사용했어. 그만큼 우리 둘이 너와 가까운 사이였다는
뜻이겠지.

　하루는 로맹의 아버지로부터 전화를 받았어. 로맹의 상태가
너무 안 좋다면서, 로맹한테 전화를 걸어 기운을 좀 차리게 도

와달라고 하시더구나. 로맹이 아빠, 엄마의 전화도 안 받는다면서 걱정이 이만저만이 아니셨단다.

로맹은 휴대폰에 내 번호가 뜨니까 곧 전화를 받더구나. "로맹, 부모님께서 전화하면 받아야 하지 않겠니? 너도 잘 알고 있겠지만 부모님께서 걱정을 많이 하고 계셔." 엄마는 로맹을 살살 다독여주었지. 그랬더니 로맹은 자고 있었다고 하더구나. 엄마는 로맹에게 재차 확인했단다. "로맹, 지금 어떤 일이 벌어진 건지 너도 잘 알고 있지?" "네." 로맹은 울음을 터뜨렸어. "마리옹은 왜 자기 주변 사람들에게 아무 말도 안 했을까요?" "응? 그게 무슨 말이지?" "아줌마하고 나한테 말예요. 우리한테, 그리고 자기 가족한테, 자신을 사랑해주던 그 사람들한테 왜 아무 말도 안 했냐고요?"

순간 그 애가 딱해 보이더구나. 그 애는 계속 말을 이어갔단다. "다른 애들이 마리옹을 괴롭혔던 건 마리옹에 대한 질투심 때문이었어요. 마리옹은 너무도 예쁘고 재미있는 아이였거든요. 심지어 머리까지 좋았죠. 똑똑한 데다 모든 걸 가진 아이라서 다른 애들이 질투한 거예요." 로맹은 너에 대해 이렇게 생각하고 있었어. 엄마가 생각하던 바와 크게 다르지 않았어.

로맹은 좀처럼 새 여자친구를 만나지 못하고 있었어. 어떤 여자애랑 만나보려는 시도는 했지만, 이틀 이상 못 가더구나. 하루는 로맹이 이런 얘기를 털어놓더라. "마리옹한테 거짓말을 할수가 없어요. 마리옹이 제 머릿속에서 떠나지를 않아요."

물론 차차 나아질 거야. 언젠가는 로맹도 다시 사랑하는 사람을 만나겠지. 반드시 그래야 해. 다른 누군가를 만나야만 그 아이의 상처가 치유될 수 있어. 마리옹, 너도 이해하지?

6_ 빨간 장미 꽃다발

7
문제의 학급, 3학년 C반

"엄마, 애들이
나 재수 없대!"

신학기 때가 기억나니? 그때 우리는 꽤 우스꽝스러운 모습으로 교문에 들어섰지. 그 자리에는 엄마도 함께 있었어. 2012년 7월, 넌 자전거를 타다가 사고를 당했어. 그 일로 허벅지에 꽤 심각한 골절상을 입고 수술까지 받았더랬지. 학기가 시작됐던 9월에도 넌 여전히 깁스를 한 상태였고, 며칠간은 더 깁스를 한 채 목발을 짚고 다녀야 했어. 개학날 학교에 간 건 비단 엄마뿐만이 아니었단다. 새 학년이 시작되는 날이라서 아이들을 데리고 학교까지 배웅 나온 부모들이 꽤 많이 눈에 띄었지.

운동장에는 학생들 이름과 반 배치도가 게시돼 있었어. 그걸 부더니 너는 경악하며 비명을 질렀지. "아, 안 돼…… 세발 이 애들만은……." 시간표를 제출하고 개학식 절차를 마무리하기 위해 너는 교실로 향했지. 두 시간 뒤 너를 데리러 갔을 때, 너는 잔뜩 심통이 난 상태였어. "교실이 아주 개판이야!"

물론 학기 초에는 다들 들떠서 분위기가 좀 어수선할 수 있어. 하지만 너희 반의 문제는 그 분위기가 계속 지속되었다는 거야. 교실 안은 너무도 시끄러워서 아무 소리도 알아들을 수 없을 정도였다고 했지. 매일 저녁 너는 "어떤 애가 수업 시간에 떠들어서 밖으로 쫓겨났어", "어떤 애가 선생님한테 까불고 대들었어"라고 했지. 너희 반은 하루도 조용한 날이 없었어.

학교에서 집으로 돌아온 뒤 너는 일단 엄마한테 전화를 걸어서 집에 잘 도착했다고 말하고는 그 날 학교에서 있었던 일들을 늘어놓기 시작했어. "어떤 여자애가 수업 시간에 노래를 크게 틀어놔서 혼났어. 교실 한가운데에서 불쑥 일어나는 애들이 있는가 하면, 어떤 애는 자기 생활 기록 수첩을 선생님한테 집어던지면서 선생님을 갖고 놀았어." 너희 학급은 늘 소란스러운 것은 둘째 치고 항상 그렇게 무언가 한 건씩 터지면서 바람 잘 날이 없었단다.

한번은 네가 이런 얘기도 했었어. "수업 자체가 이뤄지질 않아, 엄마. 선생님이 애들 조용히 시키는 데에만 15분, 20분이 걸려. 그러고 나서 잠시 수업이 진행되는가 하면 수업이 끝나기 15분쯤 동안은 애들이 또 다시 자리에서 일어나 시끄럽게 떠들

7_ 문제의 학급, 3학년 C반

고 난리야." 모든 수업 시간마다 그랬는지는 잘 모르겠지만, 어쨌든 그렇게 어수선한 게 늘 일상처럼 반복됐지.

매일같이 엄마는 네 학교생활을 물어봤고, 너는 학교에서 매일 한 건씩 터지던 사건들을 얘기해줬어. 스페인어 시간이랑 수학 시간에도 문제가 많았는데, 특히 시민교육 시간*이 제일 난리였지. 엄마는 그저 이 아이들 분위기에 휩쓸리지 말고 다른 착실한 애들 무리에 끼어보라고 조언했었는데, 그게 말처럼 쉬운 일은 아니었을 거야.

그래, 이렇게 네가 학교 이야기를 엄마한테 털어놔주어서 엄마도 어느 정도 같이 걱정을 하고는 있었어. 10월 12일에는 학교에서 학부모 총회가 열렸는데, 엄마도 당연히 늦지 않고 그 자리에 참석했지. 학부모 총회 때는 학교의 모든 관계자들이 다 오는데, 교장과 교감은 물론이고 각 담임선생님들도 빠짐없이 참석하는 자리야. 먼저 선생님들이 학부모 앞에서 자기소개를 하고 나면, 그 뒤에 총회에 참석한 학부모들이 학교의 전반적인 문제들에 대해 물어보는 시간을 가져. 그러다 한 시간쯤 지나면 학부모들은 담임선생님을 따라 한 교실로 이동해서 다른 선생

• 프랑스 초중 교과과정의 필수 과목으로, 시민 의식 함양을 위한 토론식 수업이다. 우리나라의 '도덕' 수업과 비슷하긴 하나, 내용을 보면 많이 다르다. 보다 현실적인 내용으로 적극적인 학습 참여를 유도하는 방식으로 이루어지므로 단순히 프랑스판 도덕 수업이라고만 보기에는 무리가 있다. - 옮긴이

님과 면담을 하게 돼. 대개 이런 순서로 진행된단다.

엄마는 오후 5시쯤 도착했는데, 회의실로 사용된 구내식당에 자리를 잡고 앉으니 엄마들이 소곤거리는 소리가 들리더구나. "3학년 C반 얘기 들었어요?"

그때 엄마는 너한테 문자를 한 통 보냈었지. "한 엄마가 너희 반에 대해 얘기하는 걸 들었는데, 너희 반이 좀 문제반이긴 한가봐." 교육 상담 책임자인 루치니 씨도 이와 관련한 이야기들을 이것저것 많이 하셨단다.

총회가 끝난 뒤, 체육 과목 담당인 네 담임이 너희 반 분위기에 대한 밑그림을 그려 보여줬는데, 꽤나 암담했어. 일단 전체적으로 모든 게 개판인 것 같더구나. 교실은 늘 난장판이라고 했지. 담임은 열심히 하는 몇몇 학생들이 질서를 잡아주고 아이들을 하나로 모아주길 기대한다고 했어. 특히 아이들 단결심이 부족하다고 했었는데, 체육 선생이라 그런지 이런 쪽으로 눈이 밝으시더구나. 하지만 너희 학급은 팀워크라는 게 없었지. 한 사람씩 다 따로 놀았고, 무리끼리 뭉쳐 다니는 속성이 있었어. 모범생과 불량 학생들이 확연히 나뉘었고, 착한 애들과 못된 애들도 확실히 구분됐지. 생각 없는 애들이 늘 분위기를 흐리던 너희 학급은 전체가 하나로 묶이기 힘든 상황이었고, 담임은 반 아이들을 감당하지 못하는 듯 보였어.

그때가 10월 12일이었으니, 새 학기가 시작된 지 5주 정도 지난 상황이었지. 수학 선생님은 너희 반 학생들이 수업 시간에 지각하기 일쑤인 데다 공부도 제대로 하지 않고 수업 중에 하도 떠들어서 수업 진도 나가는 데 지장이 많다고 하셨단다. 그렇게 한 세 시간은 회의가 지속됐던 것 같구나. 더 이상 길게 회의를 할 수는 없었단다. 자기 의견을 피력한 사람들도 있었고 이해를 시키려 노력한 사람들도 있었는데, 늘 그렇듯이 앞에 나서서 자기 이야기를 한 사람들은 열심히 공부하는 학생들의 엄마였고 말썽을 일으키는 아이들 부모는 말 한마디 못하고 조용히 엎드려 있었단다.

마지막에 엄마는 네 담임선생님과 이야기를 나누었어. 그때 상황이 지금도 생생하게 기억이 나. 엄마는 분명 선생님한테 이렇게 말했어. "작은 일이라도 아이에게 무슨 일이 생기면 꼭 알려주세요"라고. 엄마는 선생님하고 15분쯤 얘기하다가 헤어졌단다. 집에 돌아오는 길에 우리는 문자로 열심히 대화를 나누었지. 엄마는 네게 여러 통의 문자를 보내면서 회의 때 무슨 이야기가 오고 갔는지 알려줬었어.

엄마는 너한테 담임선생님의 조언을 따르라고 했었지. "선생님 말씀을 잘 듣도록 해. 말썽쟁이 아이들과는 거리를 두고 지내되, 조용히 해달라고 요구하렴." 나름 어른들 말씀을 잘 듣는 너는 "알았어. 한번 해볼게"라고 대답했지. 너는 이 문제로 친구들과 말다툼을 하다가 결국 며칠 후 실망해서 돌아왔어. "엄마, 애들이 나 재수 없대." 그때 엄마는 너를 다독이며 다시 한 번 기운을 북돋워주었어. "선생님 조언이잖아. 그래야 선생님도 너희를 계속 이끌고 나가시지."

네가 반에서 튀기 시작하자 네 곁에서 알짱거리며 너를 괴롭히는 아이들이 생겨났어. 스페인어를 잘했던 너는 선생님한테도 자주 불려갔어. 스페인어 선생님은 회화 시간에 너희들의 역할극을 동영상으로 촬영하셨는데, 화면에는 네 모습이 꽤 자주 비쳤단다. 이유야 많았지. 앞에서도 말했듯이 스페인어 특화반이었던 너희 학급에서 마리옹 넌 스페인어 과목이 만점인 아이였으니까.

화면에 네 얼굴이 다른 아이들보다 많이 잡히자 넌 잘못한 것도 없이 미움을 받는 존재가 됐어. 어른들한테 칭찬받을 행동은 아이들 사이에선 욕먹는 행동이었으니까. 대개 학교에서는 공부 열심히 하는 우등생에게 '재수 없는 범생'이라는 딱지를 붙이게 마련이지.

매주 수요일은 엄마가 출근하지 않고 집에서 너희 셋을 돌보는 날이야. 12월에만 난 네가 학교에서 울며 귀가하는 걸 최소한 두 번은 봤던 것 같아. 저녁때도 넌 우울한 표정을 짓고 있었

7_문제의 학급, 3학년 C반

지. 네가 학교에서 조용히 해달라고 부탁할 때마다 아이들이 너한테 재수 없다고 욕을 했다는 거야. 아이들이 자꾸 괴롭히고 놀린다면서 너는 앞으로 두 번 다시 반 애들한테 조용히 해달라는 말을 하지 않겠다고 했지.

엄마는 학교에 수차례 전화를 걸어 무언가 적절한 조치를 취해달라고 요청했어. 그때마다 교장과 교감이 자리에 없다면서 나중에 다시 연락을 주겠다고 했지만, 한 번도 연락이 온 적은 없었단다.

결국 교장하고 통화하는 데 성공하긴 했었는데, 교장은 걱정할 필요 없다고, 곧 문제가 잘 해결될 거라고만 얘기했지. 그래서 엄마는 교장한테 네 반을 바꿔주면 안 되겠느냐고 물었어. "마리옹이 너무 힘들어해요." 그러자 교장은 전반은 불가하다며 손사래를 치더구나. 엄마는 "신경 좀 써주세요. 애가 도통 공부를 못 하고 있어요. 학교가 끝난 뒤 울면서 집에 들어오기 일쑤고, 보통 힘들어하는 게 아니에요" 하며 거의 애원하다시피 말했지. 하지만 교장의 대답은 늘 똑같았어. "곧 잘 해결될 겁니다"라는 말만 반복하더구나. 엄마는 다시 한 번 분명히 말했어. "만일 문제가 해결되지 않으면 딸아이의 반을 바꿔주시기 바랍니다." 교장은 건성으로 대답하면서 이 상황에서 빠져나갈 방법만 찾더구나. "네, 알겠습니다. 연락드리죠."

그 뒤로도 상황은 전혀 나아지질 않았고, 엄마는 다시 한 번 항의 전화를 넣었지. "시민교육 시간이 제일 심하다더군요. 알고는 계세요? 시민교육 시간이 제일 도떼기시장처럼 시끌벅적하대요. 그게 말이 되는 소립니까? 선생님께서 아이들을 통솔하지 못하고 계신다고요!" 교장은 선생님이 너무 젊어서 아이들을 제대로 휘어잡지 못한다는 사실은 인정하더구나. "그러니까 반 질서를 좀 잡아주시든지, 아니면 마리옹을 다른 반으로 옮겨주시든지 대책을 좀 취해주세요." 교장은 네 학교생활이 순탄치 않다는 사실을 어느 정도 아는 눈치였어. 3학년 학생들을 책임지는 교감 역시 문제를 인식하고 있는 듯 보였지.

선생님들도 한몫 거들었단다. 학급 분위기가 도저히 참을 수 없을 정도라고 말이야. 두세 명 정도가 반에서 퇴출됐지만, 다른 애들이 와서 곧 그 자리를 채웠어. 빈자리는 다른 아이들로 빠르게 채워졌단다. 세 번째 학생은 규율위원회에 회부되어 정학 조치까지 받았어. 시민교육 선생님 면전에 생활 기록 수첩을 집어던지기도 하고, 수업 중간에 월담을 하여 땡땡이를 치기도 했던 그런 아이였지. 작년에도 이 아이는 다른 여자애 하나랑 같이 점심때 수업을 빼먹고 도망간 전적이 있었어. 학습지도 교사는 너희 반 아이들에게 학교에서 일어난 사고를 외부에 퍼뜨리지 말라고 당부한 모양이더구나.

7_ 문제의 학급, 3학년 C반

어쨌든 네가 이야기해준 바에 따르면 너희 반 상황은 대략 이랬어. 너는 시민교육 선생님이 아이들에게 제대로 주의를 주지도 않고 반 분위기가 전체적으로 계속 어수선한 상황에 혀를 내둘렀어. 이 선생님 수업 때만 되면 벌벌 떨던 너에게 이 시간은 고난의 시간이나 다름없었지.

저녁만 되면 너는 우리에게 와서 짜증을 냈어. "아직도 학급 분위기가 어수선해. 교장 선생님이 오셔서 반 애들한테 소리치고, 어떤 여자애 하나가 또 반에서 쫓겨나고…… 난리도 아니야." 너는 그런 학급 분위기에 좀처럼 적응을 하지 못했고, 불안에 떨고 있던 네 모습은 엄마 눈에도 보였단다.

그때 이미 네가 아이들한테 욕을 먹고 놀림을 당하던 상황이었는지는 잘 모르겠어. 그때는 아직 가을이었으니까. 내가 아는 너는 모든 걸 장난으로 가볍게 넘기려고 했었겠지. 네 말대로라면 네가 싫어하는 사람들은 네 가까이에 없었을 테니까.

우리 집은 네가 학교 배정을 받던 당시에 살았던 브리이-수-포르주에서부터 3킬로미터 떨어진 곳에 있었어. 집 근처에는 버스정류장이 두 곳 있었는데, 너는 둘 중 우리 집과 더 가까운 정류장에서 혼자 버스를 기다릴 때가 많았지. 다른 친구들이 주로 이용하는 다른 쪽 정류장으로 네가 가지 않는 걸 의아해한 엄마가 그 이유를 묻자 넌 대수롭지 않다는 투로 대답했어. "집에서 가까운 정류장에서 버스 타는 게 뭐 어때서? 집도 더 가깝고 조용하고 좋잖아." 엄마는 네가 굳이 그 정류장에서 버스를 탄 이유가 뭔지 이제 겨우 알았단다. 너는 다음 정류장에서 알리스와 만날까봐 일부러 피했던 거야. 그 아이랑 정류장에서 마주치느니 차라리 혼자 가는 길을 택한 거지.

이렇게 무언가 이상한 낌새를 알아차렸을 때 진작 조심했어야 했는데, 다른 '이상 징후'들과 마찬가지로 엄마는 이것도 놓치고 말았어. 한번은 아침에 엄마가 너한테 문자를 보내 버스 옆자리에 앉은 애가 누구냐고 물었었지. 그러자 넌 "알리스가 앉아 있어. 이 바보 같은 애하고는 말도 섞고 싶지 않아"라고 답문을 보내왔어. 나는 네가 알리스를 좋아하지 않는다고만 생각했어. 유치원 때부터 너를 괴롭혔던 아이였으니까. 어릴 때도 넌 "어떡해, 알리스가 날 좋아하지 않아"라고 종종 말하곤 했었지.

그래도 중학교에 가서 사귄 친구들이 아주 없진 않았어. 로맹이라는 멋진 남자친구도 있었고. 넌 그 아이를 보는 낙으로 학교에 간다고 했어. 로맹은 엄마한테 자기도 너랑 똑같았다고 하더라. 널 보는 낙으로 학교에 갔대. 그렇게 너희 둘은 서로 비슷한 면이 많았단다. 등하교 시간에도 늦는 법이 없었고, 오후 3~4시에 파하는 날이면 어김없이 첫차를 타고 곧장 집으로 돌아왔지. 다른 애들처럼 오후 5시까지 학교 주변을 어슬렁거리거나 하는 법이 없었어.

너는 아주 사소한 부분까지 다 엄마한테 말해주었어. "이러이러한 아이가 날 놀렸어"라는 말도 했고, "어떤 애가 하이힐을 신고 왔어. 넘어져서 옴팡 깨졌는데, 정말 난리도 아니었어"라는 말도 했지. 그렇게 자잘한 문제들이 한두 개가 아니었어. 이제는 태연한 척하며 얘기하던 그 단골 소재들이 그냥 지나칠 일은 아니었다는 생각이 드는구나.

네가 롱샴 가방이 없다며 두 번, 세 번 징징거렸을 때 엄마는 그런 너를 나무라고 탓했었어. 너한테 그게 왜 필요한지 이해할 수가 없었거든. 열세 살의 나이에 롱샴 가방이 없다는 게 무슨 큰 문제가 될 것 같지도 않았고. 엄마는 롱샴 가방 하나 없다고 인생 끝나는 건 아니라고 말했었지. "마리옹, 중요한 건 학교 성적이지 가방이 아니야. 네가 롱샴 가방을 메고 다닌다고 해서 수학 점수가 18점, 20점이 나오는 건 아니잖니?"

그런 엄마의 생각이 틀렸다는 걸 이젠 알아. 네 또래 아이들 사이에서 인기가 있으려면 겉으로 보이는 이미지와 패션 감각, 즉 외양적인 부분이 중요하다는 걸 엄마는 이제야 깨달았단다. 똑똑하기만 하면 된다고 생각했던 엄마가 틀렸던 거야.

마리옹, 물론 그렇다고 엄마 생각이 완전히 바뀐 건 아니야.

초등학교에 다니는 클라리스가 4학년 천문학 교실에서 그랑-보르낭(Grand-Bornand)으로 갔을 때 일이 아직도 떠오른단다. 그때 키가 1미터 남짓한 어린 학생 두 명이 배낭 대신 롱샴 가방을 메고서는 은근 뼈기고 있었단다. 심지어 이 애들은 아이패드까지 갖고 있었어. 버스 안에서 전자기기 같은 걸 작동시키며 시간을 보내는 건 말도 안 되는 일이야. 옆에 있던 엄마들은 그런 행태에 아주 학을 떼었단다. 우리는 그런 미친 짓에는 동조할 수가 없어. 그건 우리의 교육관이 아니야.

그래서 하루는 큰맘 먹고 널 위해 검은색의 예쁜 가방 하나를 장만했지. 엄마가 사준 가방을 메고 학교에 다녀온 다음 날, 너는 무척이나 밝은 얼굴로 집에 들어와서 이렇게 묻더구나. "엄마, 애들이 내 가방 바네사브루노 가방이라는데, 바네사브루노가 뭐야?" 그때 엄마는 상당히 놀랐었단다. 일단 그 가방은 바네사브루노 가방이 아니었어. 그리고 네가 유행을 따르는 가방을 갖고 있다는 이유만으로 너에 대한 아이들의 관심이 갑자기 높아졌다는 것도 이해가 되질 않았어. 고작 열두 살, 열세 살밖에 안 된 나이에 패션 브랜드 이름을 줄줄이 꿰는 이 아이들 머릿속은 대체 어떻게 생긴 거니?

크리스마스가 오기 전인 12월 7일 무렵, 엄마는 네 성적표를 받으러 학교에 갔었지. 담임은 학부모 한 사람 한 사람을 만나

학교 성적에 대해 설명도 해주고, 행동발달사항에 대해서도 이야기를 해주더구나. 담임은 네가 반에서 우등생이래. 성적도 상위권이고 행실도 바르다고 했어. 다만, 선생님들이 단점으로 지적하는 것은 딱 하나, 네가 말이 너무 많다는 거였어. 수다스럽다는 건 우리 둘의 공통점이었지.

네 성적은 20점 만점에 평균 16점 정도였어. 학교생활은 18점에서 19점 정도였고, 집중 스페인어 과목은 20점 만점을 받았었지. 영어는 17점, 18점이고 수학은 14점, 15점이었어. 전체적으로 네 성적은 꽤 훌륭했어. 엄마는 학급 분위기에 대해 언급하면서 네가 그 때문에 힘들어한다는 이야기를 했지. 그랬더니 담임은 너희 반 애들 중 두 명이 곧 학교를 떠날 거라고 했어. 네가 유치원 때부터 알았던 세 번째 아이에 대해서도 물어봤는데, 교실을 소란스럽게 만든다던 이 아이에 대해 담임은 매우 똑똑한 아이라며 반발하더구나. "똑똑한 아이라서 특별 교육을 받게 할 예정입니다. 다들 주목하고 있는 학생이에요."

어쨌든 엄마는 담임과의 면담 결과에 흡족해하며 집으로 왔단다. 엄마는 모든 상황이 통제되고 있는 듯한 느낌을 받았어. 문제아들도 곧 학교를 떠날 거라고 하잖니? 집으로 돌아온 엄마는 우수한 성적에 대해 널 한껏 칭찬해주었지. "다만, 한 가지 조심해야 할 건 너무 수다스럽게 굴지 말라는 거야."

수다스러운 건 사실 우리 집안 내력이란다. 이 점에 있어서는 엄마도 너를 나무랄 자격이 없어. 말 잘 듣고 공부도 잘하는 학생인데, 말 좀 많은 게 뭐 그리 큰 문제가 되겠니? 열심히 공부하는 학생이 '이 정도는 해도 되는 거 아냐?'라고 얼마든지 생각할 수 있지. 그래서 넌 담임 수업 시간인 체육 시간에도 아이들과 웃고 떠들며 열심히 뛰어다니곤 했겠지. 사실 그동안은 다리에 깁스를 하고 있어서 열심히 뛰어놀지 못했을 테고, 늘 벤치에 앉아 다른 애들이 체육 시간에 뛰어다니는 걸 구경만 했을 테니까 다 나은 상태에서 넌 더 뛰어놀고 싶었을 거야.

성적까지 잘 나왔으니 너는 정말 아무 거리낄 것 없이 훨훨 날아다닌 것 같더구나. 성적표가 나왔던 12월 7일에 네가 개설한 페이스북 계정을 샅샅이 뒤져본 뒤 엄마는 속으로 네가 이런 말을 하지 않았을까 상상해보았단다. '엄마는 나를 자랑스러워하시고 아빠도 만족해하시니 다른 사람처럼 좀 더 열심히 해봐야겠어'라고 말이야. 인생에서는 그렇게 하나씩 계단을 뛰어넘고 싶은 욕구가 생기는 법이니까.

네가 주고받은 페이스북 메시지에는 네 신체적 특징과 관련한 이야기가 많았어. 네가 '절벽'이라는 이야기도 있었고, 네가 체육 시간에 다시 참여할 수 있게 된 뒤로는 '탈의실에 가서 네 몸매 구경 좀 해야겠다'는 이야기도 있었지.

다리가 다 나아서 체육 시간에 정상적으로 참여하게 된 건 1월쯤이었어. 수업 시간에는 체육복으로 갈아입고 참여하는 게 당연했지만, 너는 워낙 여성스러운 아이라 하루 종일 체육복 차림으로만 있을 수는 없었어. 그래서 결국 어쩔 수 없이 탈의실에 가서 옷을 갈아입게 되었지.

무언가 일이 잘못되어가기 시작한 건 바로 이때부터였어. 아이들의 놀림이 도를 넘어서게 된 거야. 12월에는 너도 페이스북을 하면서 꽤 재미있었던 것 같아. 아이들과 훈훈한 메시지도 서로 주고받고, 또 하나의 새로운 세상을 만나게 되어 즐거웠나 보더구나. 하지만 그때도 이미 불길한 징조가 있긴 했어. 학교에서 쫓겨난 남자애 하나랑 여자애 하나가 학교를 떠날 때의 일이었지. 너랑 친했던 아이 중 하나가 퇴학당한 이 여자애한테 이런 코멘트를 남겼더구나. "네가 보고 싶을 거야."

좋은 글귀를 즐겨 쓰던 너는 "우울한 시간이 밝고 즐거운 시간으로 바뀌기를"이라는 말을 남겼었지. 여자애들 사이에서 흔히 쓰는 그런 글귀였어. 그런데 어떤 남자애가 너한테 무척 거친 메시지를 남겼더구나. "어쨌거나 너는 걸레야"라고 말이지.

그때 너는 페이스북 상태를 변경하고 '개인 메시지만 허용'해둔 뒤 그 애한테 이런 글을 남겼어. "나를 왜 걸레 취급하는 거지? 내가 너한테 뭐 잘못한 거라도 있어? 그 말, 진심이야?"

이때부터 너는 반복적으로 이 말을 입에 달고 살았단다. 매번 누가 너를 놀리거나 괴롭힐 때마다 너는 어이없고 속상해하며 "그 말 진심이야?", "너 지금 장난해?", "지금 나한테 진심으로 이러는 거야?"라는 말로 반발했어.

그날 너를 '걸레' 취급한 아이는 "그냥 농담으로 한 말이야"라는 답신을 보냈어. 하지만 너한테는 단순한 농담으로 들리지 않았겠지. 넌 "농담이래도 날 걸레 취급하지는 말아줘"라는 답신을 보냈더구나.

12월 중순쯤이었어. 집에 돌아온 너는 전보다 부쩍 말수가 줄어들었어. 학교 이야기도 거의 하지 않았고, 어딘가 침체된 분위기였지. 로맹하고 놀러나간 적도 있었는데, 둘이 그렇게 놀았던 것도 꽤 오랜만의 일이었단다. 크리스마스 방학 때도 너희 둘은 꽤 사이가 좋았지. 1월 2일에는 맥도날드에서 공식적인 첫 데이트를 즐기라고 엄마가 직접 너를 데려다주기도 했었어. 너희 둘은 두세 시간 정도 함께 시간을 보냈을 거야. 너는 꽤 즐거워하는 표정으로 나오더구나.

네 친구라던 클로에는 네가 로맹이랑 어울리는 걸 별로 좋아하지 않는다는 얘기도 했었지. 클로에, 그 계집애는 "그 애야, 나야?"라며 일종의 협박까지 했더랬지. 내 기억에 넌 네 남자친구에게 더 무게를 두었고.

7_ 문제의 학급, 3학년 C반

그래, 그렇게 넌 훨훨 날아오르고 있었단다. 학교 성적도 좋은 편이었고, 멋진 남자친구까지 곁에 두고 있었지. 이를 지켜보던 일부 여자애들의 질투심은 계속 커져만 가고 있었어. 이때부터는 학교에서 퇴출된 질 나쁜 아이들이나 네가 유독 싫어하던 그 불량아들이 문제가 아니었어. 이제는 네가 아끼고 좋아하던 아이들, 너랑 같이 놀던 친한 친구들이 너를 공격하고 나선 거야. 아마 너도 그래서 많이 혼란스러워했던 것 같아. 누가 봐도 나쁜 애들이 널 괴롭힌 게 아니라 바로 네 친구들이 너를 괴롭히기 시작했으니까.

엄마는 페이스북에서 정말 별의별 메시지를 다 읽어봤는데, 당시 분위기가 꽤 험악했다는 걸 금세 알겠더구나. 마음을 놓지 못하고 계속 불안해하던 네 심리 상태 때문에 너는 서서히 빛을 잃어갔어.

8

지옥에서 보낸 사흘

"내일 학교 가기
무서워!"

엄마는 네가 최후의 결정을 내리기 전까지 일어난 모든 일들을 최대한 밝혀내려 안간힘을 쓰고 있었어. 네가 혼자 힘으로 맞서지 못할 지경까지 몰고 간 악순환의 고리가 무엇인지 알고 싶었으니까. 엄마가 어떤 인상을 받았는지 아니? 네가 끔찍한 음모에 휘말려 어찌할 줄 모르다가 그대로 파도에 휩쓸려가서는 서서히 숨이 막혀 질식한 뒤 목숨을 잃고 모래 위에 내동댕이쳐진 형상이었어.

엄마는 이 단편적인 정보들을 모아서 순서에 맞게끔 다시 배치하느라 꽤 힘들었단다. 특히 도무지 이해할 수 없는 악의적인 집단행동과 관련된 일련의 스토리를 논리 있게 짜 맞추기란 쉽지 않았어. 확실한 건 너희 학교의 교실이나 복도에서 이유 없는 악행이 벌어졌다는 사실이야. 이는 비단 너희 학교만의 문제는 아니라고 생각해. 다른 곳도 상황은 마찬가지겠지. 엄마는 애들끼리 왜 그렇게 서로를 헐뜯고 욕하는지 도대체 이해가 되질 않아. 그렇게 해서 좋을 게 대체 뭐지?

하지만 내가 그보다 더 이해 가지 않았던 건 아이들이 그런 짓을 하는데도 가만 내버려두는 어른들이었어. 아이들이 누군가를 짓밟고 괴롭히는 상황을 알고도 왜 모르는 척 방치해둔 걸까? 그래봐야 어른들도 좋을 건 하나도 없을 텐데. 학교 안의 선생들이나 교내 감독관 모두가 어떻게 다들 그렇게 귀를 꼭 닫고 아무것도 안 들을 수가 있는 거지? 도를 넘어서는 아이들 앞에서 귀를 닫고 나 몰라라 하는 사람들은 게을러서 그런 걸까, 아니면 무심하고 무능해서 그런 걸까? 엄마는 이 상황이 도무지 이해가 되질 않았단다.

어쨌든 네 죽음과 관련된 진실을 파헤치던 중 엄마가 확실히 알게 된 사실이 하나 있어. 네가 본의 아니게 너희 학급의 표적이 되어 대타로 희생을 당했다는 거야. 학교라는 사회 집단에서 아이들은 늘 놀림감을 물색하게 마련이지. 모두의 불안감을 해소시켜줄 누군가가, 집단 내에서의 불만을 대신 해소해줄 무언가의 먹잇감이 필요한 거야. 무언가를 혹은 누군가를 두들겨 패고 싶다는 욕구를 해소시켜줄 수 있을 만한 희생양을 찾는 것이지. 가치 기준도 제대로 확립돼 있지 않고, 어디까지가 한계선이

　　　　　　　　　8_ 지옥에서 보낸 사흘

고 어떤 게 하면 안 되는 행동인지 모르는 아이들은 한 사람을 정해서 도마 위에 올려놓고 정신적으로나 물리적으로 집단 폭행을 가한단다.

피해자의 요건은 단순해. 무언가 자신들과 다른 구석이 있다면 곧 희생양이 되는 거야. 다른 아이들보다 지나치게 예쁘거나 혹은 지나치게 못생긴 아이, 지나치게 똑똑하거나 혹은 지나치게 뒤떨어진 아이, 몸이 뚱뚱하거나 혹은 왜소한 말라깽이, 아니면 피부색이 다른 아이 등 어딘가 조금 다른 구석이 있는 아이는 금세 희생양으로 낙인 찍혀 도마 위에 오르게 돼. 사랑하는 우리 딸 마리옹, 너는 너무 예쁘고 착한 게 문제였어. 그래서 모두의 공격을 받은 거야.

어쩌면 네가 내 딸이라서 내 눈에만 그렇게 잘나 보이는 건지도 몰라. 아마 엄마 말에 코웃음을 치는 사람들도 있을 테지. 하지만 마리옹, 이건 엄연한 사실이야. 너는 정말 예뻤고, 네 머릿결은 물론 네 웃음에서도 빛이 났어. 빼어난 미모에 유머감각까지 겸비한 너는 남자아이들 사이에서도 관심의 대상이었지. 네가 다른 아이들과 달라서 더 관심을 끌었는지도 몰라. 마리옹, 남자들은 이런 여자를 좋아해. 그리 복잡하지 않고 단순하면서 자연미가 풍기는 여자아이, 그런 애가 인기가 많은 법이야.

그래서 너에게 호감을 가진 애들도 꽤 많았어. 라파엘이라는 아이의 엄마가 해준 얘기인데, 그 아이가 남몰래 너를 좋아하고 있었다더구나. 네가 죽었다는 얘길 듣고 정말 많이 울었대. 비록 네 장례식에 오지는 않았지만, 라파엘의 엄마는 장례식을 치르고 얼마 지나지 않아 내게 문자 한 통을 보내왔단다. 그리고 언젠가 일요일에는 엄마한테 전화를 걸어 라파엘이 거의 매일 저녁마다 네 이야기를 늘어놓았다고 하시더구나. 교실에서도 너랑 가까운 자리에 앉아 있었다고 했어.

라파엘의 엄마는 라파엘 역시 참으로 힘든 한 해를 보냈다고 말했어. 거의 녹초가 되어 학교에서 집으로 돌아오곤 했대. 2013년 2월 12일 화요일, 그러니까 네가 세상을 떠나기 전날인 그날 말이야. 넌 집에 오기 전에 이 아이한테 가서 작은 목소리로 "너도 다른 애들하고 똑같이 생각해?"라고 물었다면서? 당황한 라파엘은 놀라서 우물쭈물하며 "그게 대체 뭔 소리야? 다른 애들이라니?"라고 되물었다는데, 그게 라파엘이 너와 나눈 마지막 대화였다는구나.

엄마는 2월 11일과 12일, 13일 사흘간의 일들을 되짚어봐야 할 것 같다는 생각이 들었단다. 엄마가 긁어모은 이 단편적인 정보들을 통해 그간의 네 행적을 그려보기란 쉬운 일이 아니었어. 일단 상황을 한번 요약해보자꾸나.

8_ 지옥에서 보낸 사흘

1. 너는 무척 야윈 상태였어. 며칠 전 의사 선생님을 같이 보러 갔었는데, 선생님은 네가 치아 교정기 때문에 식욕을 잃어서 그런 거라고 말씀하셨지. 엄마는 네가 학교 식당에서 식사를 거르고 있다는 사실은 몰랐단다. 나한테는 물론 의사 선생님 앞에서도 너는 말하지 않았지. 누군가 너한테 엉덩이가 크다는 말을 던졌고, 너는 날씬하고 예쁜데도 바보같이 이 말을 곧이곧대로 믿어버린 거야.

2. 몇몇 아이들이 너를 계속 괴롭히고 있었어. 교실이나 복도, 페이스북, 휴대폰 문자 등 아이들의 괴롭힘은 때와 장소를 가리지 않고 계속됐지. 아이들이 계속 못살게 구니까 너도 서서히 비틀거리기 시작했어.

3. 너는 이 아이들에게 미움을 사지 않으려면 네 스스로가 이 아이들과 비슷해져야 한다고 생각했어. 너희 반에서 '공부벌레'가 되지 않기로 결심한 거야. 더 이상은 얌전하고 착한 여자애로 살지 않기로 한 것이지.

2월 11일, 엄마가 알아본 바로는 이 날 네가 페이스북상에서 무언가 메시지를 남겼던 것 같은데 보낸 메시지함에서도, 알림 메시지 목록에서도 이를 찾아볼 수가 없더구나. 검찰 사고 조사 문건에서도 이에 대한 기록은 찾아볼 수가 없었어. 다른 아이들은 네가 한 여자아이를 '재수 없는 범생'으로 취급했다며 너를 비난하고 있는데, 엄마는 그 어디에서도 이 메시지의 흔적을 찾을 수가 없었단다. 남들이야 너한테 온갖 욕을 다 퍼부을 수 있을지 몰라도 마리옹 너는 아니었어. 조심스런 성격의 네가 남한테 그런 말을 퍼부었을 리 없어.

대신 네가 마테오라는 한 남자아이와 주고받은 수많은 대화들은 조회해볼 수 있었지. 너랑 같은 반이었던 이 남자애는 네가 죽고 난 뒤 다시는 학교에 모습을 나타내지 않았더구나. 이 아이가 왜 학교를 그만두었는지는 지금도 알 수가 없단다.

대화의 내용에 따르면 나흘 전인 2013년 2월 7일, 너희 둘은 서로 말장난을 쳤던 것 같아. 아니, 어쩌면 장난이 아니었는지도 모르지. 그건 확실치 않아. 둘의 대화에 'ㅎㅎㅎ'는 난무했을지 몰라도 정말로 그렇게 유쾌한 대화는 아니었을 수도 있어. 가령 너희 둘의 대화는 이런 식이었어. 마테오가 "네가 하는 말은 아무도 안 믿을 걸? 네가 워낙 개 같아서 네가 하는 말은 다 개소리로 들을 거야. 순순히 내 말 들으시지?"라고 하면 넌 이렇게 대꾸했지. "그래, 맞아. ㅎㅎ 내가 좀 바보 같긴 해. 난 그런 내가 좋으니까 내가 말할 때는 순순히 내 말 들으시지? 네가 뭣도 아니라서 아무도 널 좋아하지 않겠지만, 그래도 긍정적으로 잘 살아. ㅎㅎㅎ"

토요일에서 일요일 밤 사이, 자정이 조금 넘은 그 시각에 너는 기운이 하나도 없는 상태였어. 마테오는 너한테 다시 메시지 하나를 보냈지. "마리옹, 괜찮아?" 그러자 너는 "그건 왜 물어?"라고 대꾸했지. 그 뒤로 이어지는 대화의 내용을 일부만 제외하고 거의 그대로 옮겨볼게.

"아니 그냥 뭐…… 괜찮은가 싶어서." "안 괜찮아. 기분이 별로야. 로맹이랑 헤어졌거든. 내 유일한 삶의 낙이 없어졌지. 그리고 클로에하고의 관계도 복잡해." "에헤헤헤" "그만해, 농담할 기분 아냐." "살다보면 뭐 올라갈 때도 있고 내려갈 때도 있는 거지. 중요한 건 당당하게 사는 거야." …… "난 거의 다 바닥이야. 아직 친한 친구들하고 가족들이 있긴 해도 항상 눈물이 쏟아질 것 같단 말이야. 남들 하는 말처럼 내가 정말 개 같은 인간인지도 모르지." "왜 그래, 마리옹. 그런 소리 하지 마. 그건 진심이 아니야. 친구끼리 서로 욕하고 싸우는 건 더 이상 친구가 아니라서가 아니고, 그냥 잠깐 사이가 틀어진 것뿐이야. 한 단계 뛰어넘어야 할 고비인 셈이지. 이걸 뛰어넘는 데 도움이 필요하면 널 위해 손을 내밀어줄 다른 친구들도 얼마든지 많다고. 다들 나름대로 널 좋게 생각하고 있으니까. 앞으로는 나도 너한테 개 같다느니 하는 말은 다신 안 할게."

그 뒤로 네가 아무 말이 없자 마테오는 "마리옹, 아직 거기 있어?"라고 되물었지. 다음 날인 일요일 아침, 마테오는 자기 때문에 네가 상처를 입었으면 어쩌나 걱정하면서 미안하다는 말을 남겼어. 녀석도 딱하더구나. 이런 대화 내용을 알게 된 건 네가 죽고 나서 시간이 한참 지난 후의 일이었어.

2월 11일 월요일 저녁, 너는 완전히 풀이 죽어 있었지. 그날 네가 엄마한테 로맹 이야기를 꺼냈을 때, 엄마는 그저 '둘이 대판 싸웠구나' 정도로만 생각했단다. 그냥 너 혼자서만 잘못 생각하고 있는 줄 알았어. 그날 네가 실제로 휴대폰을 이용해서 페이스북 접속을 하기는 했는데, 또 문제가 된 그 메시지를 보내기는 한 것 같다만 이 메시지의 행방은 찾을 수가 없었지. 그리고 바로 이때부터 너한테는 수없이 많은 비난과 욕설이 쏟아졌어. 어떤 애는 너에게 "본때를 보여주겠다"며 경고했고, 또 어떤 애는 너를 "손봐주겠다"고 협박했지.

그리고 2월 12일, 학교에서 넌 아이들로부터 심한 괴롭힘을 당했어. 너를 '걸레' 취급했던 아이들 중 하나는 엄마한테 "애들이 마리옹을 갈궜다"고 털어놓았어. 그리고 "수많은 애들이 다 마리옹을 걸레 취급했다"고 덧붙였지. 내가 12일에 무슨 일이 있었느냐고 물었더니 그 애는 자기가 본 광경을 말해주었단다. "마리옹은 사물함 근처에 있는 탈의실에서 코너에 몰려 옴짝달싹 못 하고 있었어요"라고 하더구나.

8_지옥에서 보낸 사흘

또 그날 당한 건지, 아니면 다른 날 당한 건지 정확히 알 수는 없지만 또 다른 남자애의 증언에 따르면 네가 컴퍼스에 엉덩이를 찔렸다고 했어. 그때의 상황을 머릿속으로 그려보면 정말 온몸의 피가 굳어버리는 느낌이야. 정말 네가 그런 데 찔렸던 거니? 조심성 많은 네가 그랬다니 믿기지 않아. 평소 넌 혹시라도 누군가 잘못해서 찔릴까봐 컴퍼스 끝을 고무 뚜껑으로 꼭 닫아두던 아이였는데 말이지.

화요일이었던 2월 12일에는 체육 수업이 있는 날이었어. 소방 훈련을 하는 날이기도 했지. 너를 괴롭히던 애들 몇몇이 똘똘 뭉쳐 너를 공격한 모양이더구나. 화재 경보가 울리는 동안 아이들은 "두 눈을 확 뽑아버릴 거야", "내가 널 아주 따먹어버릴 거야"라는 식으로 위협을 일삼았지. 너를 툭툭 때리기도 했던 모양이야. 페이스북에 너는 모욕을 당했다고 글을 썼지. 어떤 여자애한테는 밤마다 이런 식의 메시지를 보내기도 했었어. "오늘 있었던 일을 생각하면 내일 학교 가기 무서워!"

운동장에서도 아이들은 네게 욕을 하며 괴롭혔어. 나서서 말리는 사람은 아무도 없었지. 교내 감독관들도 네 편은 아니었어. 너와 제일 친한 친구도 말없이 잠자코 있었고, 아무도 나서주지 않았어. 너는 보건실에 가야 할 상황이었는데, 보건실 선생님이 자리에 안 계셨지. 그래서 넌 학생지도실로 가서 도움을 요청했어. 심장이 두근거리고 두통까지 있다고 호소했지. 이건 엄마가 검찰 문건을 읽고 알게 된 사실이야. 그 누구도 이 사실을 엄마한테 알려주지 않았단다. 심장이 두근거리는 건 가볍게 볼 일이 아냐. 엄마는 경미한 사건이더라도 꼭 알려달라고 학교 측에 신신당부했었는데, 학교로부터는 아무 연락도 못 받았어.

엄마가 그날 받은 유일한 메시지는 마리옹 너한테 온 것뿐이었단다. 학교 안에선 공식적으로 휴대폰 사용이 금지돼 있기에 너는 화장실에 숨어서 엄마한테 전화를 걸었어. 그곳은 네가 학교 안에서 궁지에 몰렸을 때 피신할 수 있는 유일한 장소였어.

그때 마리옹 너는 엄마한테 이렇게 말했었어. "엄마, 집에 가고 싶어. 몸이 좋지 않아." 그날 네가 했던 이 말을 엄마는 한 글자도 빼지 않고 똑똑히 기억해. 그때 엄마는 이 말이 실제로 얼마나 심각한 상황을 의미하는 것인지 몰랐어. 몸이 좋지 않다는 건 실제 상황을 굉장히 완화시킨 표현이었어. 엄마 대신 할머니가 학교에 가서 차로 너를 데리고 오셨지. 그때가 오후 1시 30분 정도였어.

집에 온 뒤 너는 여느 때처럼 엄마한테 전화를 했었지. "엄마, 지금 왔어." 엄마는 너한테 좀 쉬고 있으라고 말했어. 그리고 잠시 뒤 다시 전화를 걸어 지금 퇴근해서 집에 가는 길이라고 했지. 회사에서 집까지 도착하는 데는 한 시간에서 한 시간 반 정도가 걸렸어. 가는 길에 네 동생들도 데리고 가야 했으니까 시간이 좀 걸렸지. 엄마는 저녁 6시 30분쯤 집에 왔어. 너의 몸 상태는 상당히 좋지 않아 보였지. 목이 아프다고 했었는데, 그보다는 사는 게 더 힘들었을 테지. 네가 겪고 있던 폭력을 견뎌내느라 몸과 마음이 다 지쳐 있었을 테니까.

그날 오후 집에서 쉬는 너에게 아이들이 전화를 걸어 욕설을 퍼붓고 난리법석을 떨었다는 걸 엄마는 나중에야 알게 됐단다. 전화를 끊으면 또 다시 전화가 걸려왔지. 반대로 네가 누군가에게 전화를 걸면 그 아이는 네 전화를 받지 않았어. 네 휴대폰 벨소리는 쉼 없이 울려댔지. 네가 휴대폰을 받지 않으면 아이들은 집 전화로 통화를 시도했더구나.

학교에서는 원칙적으로 휴대폰 사용이 금지돼 있는데, 아이들이 대체 너한테 어떻게 그 많은 전화를 걸었던 거니? 다들 휴대폰을 갖고 있었다는 말이야? 그날 오후는 정말 네게 너무도 끔찍한 시간이었을 것 같더구나. 너는 잔뜩 겁에 질려 떨고 있었어. 허허벌판에서 홀로 궁지에 몰린 사냥감처럼 그렇게 쫓기는 듯한 느낌을 받고 있었지. 메일리스는 너한테 이런 말까지 했더구나. "우린 떼로 몰려갈 거야. 내 패밀리를 다 데리고 가서 널 박살내버리겠어." 소심하고 겁 많던 너는 그 아이가 정말 그렇게 할지도 모른다고 생각했겠지.

밤 9시쯤 페이스북에서 요안이란 아이가 너한테 "너에 대한 루머가 파다해"라는 사실을 알려줬어. 너는 불안에 떨며 "알아…… 녀석이 나에 대해 뭐라고 하는지 알게 되면 나한테 꼭 말해줘. 부탁이야"라고 답을 했어.

밤 10시쯤에는 유치원 시절부터 절친이었다는 클로에한테서 이런 메시지가 떴더구나. "마리옹과 마틸드, 우린 평생을 함께하자고 약속했지. 이제는 내 두 천사와 영원히 함께하게 되겠네." 이 아이는 마치 네가 죽은 것처럼 글을 썼더구나. 어쨌든 엄마가 이해하기로는 그랬단다.

2월 12일 화요일, 그렇게 너는 철저히 혼자였어. 물론 네 곁에는 로맹도 있었고 우리 가족도 있었지. 하지만 너는 우리한테 페이스북 계정과 생활 기록 수첩에 관한 일을 숨기면서 우리에게 말 못할 비밀을 안고 있었고, 따라서 우리한테 더 이상 모든 걸 다 털어놓을 수 없는 상태였어.

열세 살 무렵의 아이들은 또래 친구들로부터 인정받고자 하는 마음이 크게 마련인데, 그런 성향은 예전보다 지금이 훨씬 심한 것 같아. 부모의 인정이야 이미 받았다고 생각하니까 열외일 테지. 그 나이 또래 아이들에게 가장 얻기 힘든 건 일종의 소속감이야. 자기 마음에 드는 꿈의 무리 안으로 들어가는 게 쉽지 않다고 생각하는 거야.

네가 속해 있던 무리는 점점 네 숨통을 조여 오는 잔혹한 집단이었어. 보호 역할을 해줬어야 할 학교의 안전망도 제대로 작동하지 않았고, 학교는 널 지켜주지 않았어. 심지어 학부모인 우리에게 그 상황을 제대로 알리지도 않았단다. 그곳은 일종의 치외법권 지대였어. "학교에서 너를 둘러싼 루머가 파다하다"는 경고까지 나오고, 네 '절친'이란 아이는 너를 '영원히' 보내버리는 글까지 보냈지. 정말 다들 너무하더구나. 네 뒤에서 네 험담을 퍼뜨리고, 네 앞에서 대놓고 모욕을 주고, 너를 툭툭 건드린데다가 구석에서 성추행까지 일삼았는데 학교는 도대체 뭘 한 거니? 진짜 해도 너무한 거 아니니? 어떻게 여러 사람이서 한 사람을 이렇듯 집요하게 괴롭힐 수 있는 거니? 그 아이들은 너를 학교에서 내쫓고, 네가 스스로 삶을 포기하도록 몰아갔어. 학교라는 곳에 있는 어른들의 철저한 무관심 속에서 그 모든 일들이 버젓이 자행됐지.

엄마는 그 아이들이 너를 죽인 거라고 생각해. 그래, 너는 바로 그 아이들의 손에 죽임을 당한 거야. 엄마는 이 모든 악행을 결코 용서하지 않을 거야.

너의 모든 확신이 무너져 내리고, 너를 지탱하던 모든 게 산산조각 나버린 상태에서 넌 죽기 사흘 전에 마테오라는 아이에게 이런 말을 했더랬지. "난 거의 다 바닥이야. …… 남들 하는 말처럼 내가 정말 개 같은 인간인지도 모르지." 마테오는 너를 많이 좋아한 아이들 중 하나였어. 이 아이는 네 죽음을 받아들이지 못한 모양이더구나. 네가 그렇게 간 뒤로 마테오는 다신 학교에 발을 들이지 않았대. 지금 그 아이가 어떻게 살고 있는지는 엄마도 아는 바가 없어. 그날 마테오는 너한테 이렇게 말했었지. "그런 소리 하지 마." 그러자 너는 "아직 친한 친구들하고 가족들이 있긴 해"라고 대답했었고.

문제의 2월 13일, 엄마가 동생들을 데리고 집을 나서자마자 너는 곧 인터넷에 접속했지. 그리고 검색창에 '자살하는 방법'을 적어 넣었어.

9

너에 대한 추억들

**"너는 정말
용기 있는 아이였어"**

네가 어떻게 태어났는지는 엄마가 예전에 얘기했었지? 네 아빠와 나는 지금 우리가 사는 집으로부터 그리 멀지 않은 곳에서 태어났단다. 엄마는 마시(Massy)에 살았고, 아빠는 그 옆에 있는 팔레조(Palaiseau)에 살았지. 우리는 꽤 쉽게 만날 수 있었어. 네 아빠는 엄마의 절친한 친구의 절친이었거든. 그러니까 같이 볼 기회가 많았지. 처음에는 그냥 자주 보기만 했어. 그때 엄마는 스물한 살이었는데, 파리 외곽 도시인 소(Sceaux)에 자리한 법학대학에 다니고 있었지. 아빠는 이미 사회인이었고 나이는 스물다섯 살이었어.

엄마의 어린 시절은 정말 대단했단다. 아들 둘, 딸 둘로 이루어진 사남매가 징말 재미있게 지냈었지. 경제적으로 그리 풍족하진 않았지만 그래도 사랑과 웃음이 넘치는 집안이었어. 알제리 카빌리 출신인 네 외할아버지는 알제리 전쟁이 끝날 무렵 프랑스로 건너오셨는데, 고향에서는 양을 치던 목자셨어. 외할머니는 같은 동네에 살다가 만나셨지.

처음에는 외할아버지 혼자서만 고향을 떠나셨대. 프랑스에 도착한 외할아버지는 여러 가지 직업을 전전하던 끝에 인쇄소에 들어갔다고 하셨어. 그 뒤 외할머니가 외할아버지를 따라 프랑스로 건너와서 가정 어린이집을 차리셨지. 그래서 우리 집은 늘 아이들로 넘쳐났단다. 우리 집은 선한 하느님의 집이자 커피의 집이었어. 우리 집에서는 항상 누군가가 커피를 마시고 있었기 때문이야. 네 외할아버지 외할머니는 프랑스 고유의 가치를 존중하면서 어엿한 프랑스 국민으로 우리를 키워내셨단다.

네 아빠의 형제는 아홉 살 아래의 남동생 하나밖에 없었어. 네 할아버지는 철도청에서 근무하셨는데, 파리 시내와 교외 지역을 연결하는 B선 열차를 운행하다가 야간열차를 운행하게 된 걸로 알고 있어. 네 할머니는 호적계 업무를 담당하셨고.

사랑에 빠진 엄마 아빠는 2~3년간 함께 지내다가 팔레조에 정착했어. 그로부터 2년 뒤 우리는 생-제르맹-레-아르파종에 위치한 아파트 한 채를 사기로 결심했지. 파리에서 조금 떨어진 곳으로, 파리 시내보다 집값이 조금 더 싼 지역이었어. 엄마는 대학에서 공부하던 걸 중지하고 경영학 수업을 들었어. 법학 분

9_ 너에 대한 추억들

야는 엄마랑 잘 맞지 않았거든.

마리옹 너는 1999년 8월 11일 롱쥐모에서 태어났단다. 그날은 개기 월식으로 달이 지구 그림자에 완전히 가려지는 날이었어. 너는 정말로 얌전하고 온순한 아기였지. 밤에 잘 때도 깨지 않고 잘 자는 아기였단다. 잘 먹고, 잘 자고, 잘 웃고, 돌 때는 걷기도 하고, 너는 정말 모든 엄마들이 꿈꾸는 착한 아이였단다. 너처럼 키우기 쉬운 아이를 만난 것도 행운이었어.

너는 금세 모든 걸 스스로 알아서 하는 아이였어. 뭐든지 항상 즐겁게 받아들이던 너는 외식하는 것도 좋아했고, 식사 예절도 발라서 늘 우리의 자랑거리였지. 너는 특히 식당에서 밥 먹는 걸 좋아해서 한 번 가면 두세 시간은 앉아 있어야 했어. 우리는 너에게 사랑의 말도 아낌없이 쏟아냈어. 우리에게 넌 '햇살'과도 같은 존재였지. 네 장례식 날 성당에서 리한나의 노래를 들으니 옛날 생각이 많이 나더구나.

집안에서 널 부를 때의 별명은 '마용'이었어. 애기 때 네가 발음이 서툴러서 네 이름을 그렇게 불렀었거든. 마용에서 더 나아가 '마요네즈'라는 별명으로 부르는 사람도 있었고, 어떤 사람은 '마리오넬'이라고 부르기도 했지. 그때 생각을 하면 눈물이 날 것만 같아, 마리옹. 그토록 나정하고 평온했던 시간들이 이젠 다시 되돌릴 수 없게 되었잖니.

네 아빠랑 나는 아파트를 팔고 보그리뇌즈에 땅을 산 뒤, 지금 우리가 사는 이 집을 지었지. 그래, 이 집 말이야. 네가 우리 곁을 떠난 이 집. 다섯이 아닌 넷이 된 지금은 더는 살고 싶은 마음이 없어진 이 집. 이 글을 쓰고 있는 지금 우리는 이 집을 팔려고 내놓은 상태란다. 우리는 클라리스, 밥티스트와 함께 다른 집에서 살 생각이야. 새로운 꿈을 가꾸며 새로운 둥지를 틀어야겠지.

이 집에서 클라리스가 태어났을 때, 너는 무척 좋아했어. 클라리스가 태어나기를 애타게 기다렸거든. 하지만 정작 아이를 본 뒤에는 다소 실망한 표정을 지었어. 아이가 움직이지도 않고, 같이 놀지도 못했으니까. 한마디로 아이는 네 생각보다 그리 대단한 존재가 아니었어. 다들 '어머나!', '아유, 귀여워!'라고 하니까 넌 아이가 꽤 대수로운 존재인 줄 알았었나봐. 넌 사람들이 왜 그렇게 아무것도 못 하는 이 조그만 아이 앞에서 호들갑을 떠는지 이해하질 못했어. 한번은 이렇게 툴툴댄 적도 있었단다. "동생이 생기면 같이 놀 수 있다며! 엄마가 그렇게 말했었잖아! 근데 이게 뭐야? 동생이랑 놀 수 있는 게 하나도 없잖아!!"

그때 네 나이가 네 살 반 정도였는데, 우리는 얼마간의 시간을 너에게 안배하여 네가 동생을 크게 질투하지 않도록 신경을 썼단다. 네 아빠와 나는 번갈아가면서 시간을 따로 내 너하고만

9_ 너에 대한 추억들

놀았었지. 너하고만 영화를 보러가기도 했고, 아직 아기인 네 동생은 할 수 없는 일들을 함께하며 즐거운 시간을 보냈어. 클라리스를 보러 와준 친구들에게는 출산 선물 외에 너를 위한 장난감이나 사탕, 액세서리 같은 것도 꼭 사오라고 신신당부했었지. 그렇게 하지 않으면 어린 네가 상처받을 게 뻔했으니까. 새로 태어난 동생 혼자서만 모든 선물을 독차지하는 걸 아무렇지 않게 지켜보기엔 넌 아직 어렸거든.

너는 어린이집에서도 아무 문제없이 잘 지냈어. 너의 유치원 입학을 앞두고 엄마는 거의 1년 전부터 만반의 준비를 했단다. 입학이 9월이었음에도 1월부터 대비를 했었지. 네 아빠는 그런 엄마에게 "마리옹도 그 정도는 다 알아"라며 비웃었어.

유치원 입학식 날, 엄마는 네 손을 잡고 유치원까지 데려다주었어. 그날의 기억은 아마 평생토록 따라다닐 거야. 엄마가 널 교실에 데려다주었을 때, 다른 아이들은 대부분 울고불고 난리도 아니었어. 교실은 완전히 눈물바다였지. 하지만 너만은 예외였어. 너는 눈물 한 방울 흘리지 않고 외려 웃고 있었단다. 이곳저곳을 탐방하고 장난감도 만져보던 너는 엄마 쪽을 돌아보며 이렇게 소리쳤어. "엄마, 이제 됐어. 그만 집에 가봐!" 엄마가 돌아가지 않자 너는 엄마를 아예 밖으로 내쫓아버렸지.

하지만 엄마들은 걱정을 사서 한단다. 그래서 엄마는 계속

'네가 왜 울지 않을까' 의아해했지. 이 생각이 좀체 떨쳐지지 않더구나. 그래, 유치원에 간 첫날 울지 않는 건 분명 정상이 아니었어. 너는 속으로 굉장히 괴로웠는데 이걸 감추고 있었던 게 분명해. 엄마는 어서 빨리 끝나는 종이 치기만을 기다리며 아침 8시 30분부터 오전 11시 30분까지 계속 길거리를 배회했단다. 11시부터는 아예 유치원 현관문 앞에서 죽치고 기다렸지. 가슴을 졸이면서 말이야.

엄마를 보자마자 넌 화를 내더구나. "아니 엄마, 왜 또 온 거야? 나 식당 가서 밥 먹어야 한다고!" 엄마는 그게 아니라고, 넌 유치원에서 점심을 먹지 않을 거라고 설명했지. 그러자 네가 고집을 부리더구나. "아냐, 난 유치원에서 점심 먹고 갈 거야!" 너는 크게 실망하며 엄마와 함께 집으로 돌아왔단다.

유치원에 가기 6개월 전부터 엄마는 유치원 생활이 얼마나 좋은지에 대해 열변을 토하며 너를 귀찮게 했었지. 하지만 이미 끝난 게임이었단다. 네가 유치원에 대해 제일 실망한 건 점심을 먹지 않고 집에 간다는 거였어. 그때 너는 "엄마, 이따가 우리 다시 유치원에 와?"라고 물었어. 엄마는 "아냐, 마리옹. 오늘은 그냥 집에 가고, 유치원엔 내일 다시 올 거야." "알았어!" 곧이어 엄마는 다시 말했지. "아니다, 마리옹. 내일은 수요일이라 유치원 쉬는 날이야. 유치원엔 모레 다시 올 거야……."

유치원 때부터 너는 항상 학교에 가는 걸 좋아했단다. 심지어 학교 가는 게 제일 좋다고 하던 너였어. 학교에 가면 선생님도 있고, 재미있는 프로그램도 있고, 장난감도 있고, 놀이 시간도 있어 좋다고. 그렇게 너는 학교를 몹시도 좋아했었지. 유치원 수업이 끝난 뒤에는 영유아 문화센터에 등록해서 널 뛰어놀게 해주었고, 다섯 살 무렵에는 실내체육관에 데려갔더랬지. 너는 현대 재즈 무용 수업도 들었고, 도예 수업은 물론 각종 스포츠를 다 섭렵하고 다녔어.

그러던 중 우리는 네가 건축에 관심 있다는 걸 알게 됐단다. 네가 건축가가 되려는 마음을 품기 전에 이미 우리는 그 사실을 간파하고 있었어. 어렸을 때부터 넌 우리가 쓰레기통에나 집어넣을 법한 물건들, 즉 폐지나 빈 포장 용기 같은 걸 모아갖고 왔더랬어. 가령 갑티슈 상자 같은 것이지. 그걸 네 나름대로 재단한 뒤, 네가 직접 만든 종이 인형들의 집으로 만들어주더구나. 너는 바비 인형 같은 것에는 별로 흥미를 보이지 않았고, 네가 직접 인형을 만들어서 갖고 노는 걸 더 좋아했어.

가끔 널 보며 깜짝깜짝 놀랄 때도 있었어. 10피스짜리 퍼즐 하나도 잘 못 맞추는 엄마와는 달리, 넌 이걸 세 살 때부터 곧잘 맞추곤 했으니까. 다섯 살 무렵엔 100피스짜리 퍼즐까지 맞출 정도였지. 다 맞춘 퍼즐은 다시 헝클어서 몇 번이고 다시 맞추었고, 너는 그렇게 일을 복잡하게 만든 뒤 이를 즐기면서 풀어가는 타입이었지.

네가 우리한테 건축가가 되고 싶다는 얘기를 처음 꺼낸 건 초등학교 4학년 때였어. 하지만 넌 이미 서너 살 무렵부터 방학 때마다 집안 구석구석을 뒤지고 돌아다녔어. 예닐곱 살 무렵부턴 네 아빠가 보그리뇌즈 집을 공사할 때 옆에서 거들 정도였지. 집은 어떻게 만드는 거냐고 물어보는가 하면 시멘트에도 관심을 보였어. 도면 그리는 것도 아주 좋아했단다. 네 아빠는 우리가 곧 떠날 이 집을 가꾸느라 상당히 공을 들였더랬지. 네 아빠도 집안 곳곳을 수리하고 리모델링하는 데에는 일가견이 있었단다. 아빠는 이 집을 예쁘게 만들기 위해 정말 미친 듯이 일했었어.

다른 사람 집에 갔을 때에는 집안 장식에 대해 이것저것 네 의견을 늘어놓곤 했었어. "이건 너무 구식이야", "이건 꽤 모던한 느낌인데", "이건 상당히 현대적인 구조야"라고 하면서 단호하게 네 의견을 피력했지. 우리는 널 '세기의 마담(Madame Century)'이라고 불렀어. 건축가를 꿈꾸던 네 덕분에 우리는 참 많이도 웃었단다. 너는 구조물과 관련된 건 뭐든 다 좋아했어. 아무것도 없는 상태에서 네가 직접 조립하여 무언가를 만들어내기도 했었지. 파리에 위치한 라 빌레트(La Villette) 박물관에 견학 갔을 때는 꽤나 흥분된 모습으로 집에 왔었어.

너는 세련된 근대적 양식을 좋아했었지. 스키를 타러 가서 오두막집에 머물 때면 얼굴을 찡그리며 "여긴 너무 옛날식이야. 이상해!"라고 소리치곤 했어. 그러면 우리는 늘 이렇게 말해줬지. "엄마 아빠가 나이 들면 네가 우리 대신 수레를 밀어주고, 집도 새로 지어주렴."

유치원에서 네가 같이 놀던 친구들이 몇몇 있었는데, 선생님 말씀으로는 아이들이 생일 파티 초대장을 나눠주면서 너한테는 주지 않았다고 하시더구나. 너는 한 번도 생일 초대를 받지 못했다고 했어. 선생님들은 그래서 너무 속상하다고 하셨지. "마리옹은 선생님들이 퍼즐이나 장난감 정리하는 걸 늘 도와주곤 해요. 그런데 어떤 아이가 생일 파티 초대장을 나눠줄 때면 마리옹은 구석으로 숨어서는 사람들이 자기를 챙겨주길 기대해요"라고 하시더구나.

우리도 그 이유를 몰랐지. 그래서 아예 우리가 총대를 메기로 결심했단다. 반대로 우리가 아이들을 초대하기로 한 거야. 우리는 생일 파티와 이벤트를 준비했어. 네가 다른 아이들을 초대하면 그 아이들도 너를 초대해주리라 생각했던 거지. 다 지나간 일이지만 돌이켜보면 좋은 추억들밖에 없구나. 안타깝게도 이제는 그저 추억일 뿐이지만.

클라리스나 밥티스트를 임신했을 때도 그랬지만 엄마는 너를 임신했을 때에도 참 기쁘고 좋았단다. 너희 셋 모두 엄마에겐 성공작이었어. 엄마의 꿈이 현실로 이뤄진 거였어. 엄마는 그저 너희 모두가 행복하기만을 바랐어.

마리옹, 너는 무척 강인한 아이였어. 힘든 것도 곧잘 이겨내고, 우는 모습도 별로 보이지 않았단다. 너의 소소한 문제로 인해 남을 힘들게 하는 일도 없었지. 다른 사람을 위해서라면 네자신도 버리고, 뭐든 다 해주는 아이였어. 그렇게 스스로를 버릴만큼 남을 위해 헌신적인 아이였지. 네 자신은 아무래도 좋다고, 네 삶은 그리 중요하지 않다고 여겼던 거니? 너는 아마 속으로 이렇게 생각했을 거야.

'예쁘고 똑똑해봤자, 농담도 잘 던지고 착해봤자 다 소용없어. 나는 아무짝에도 쓸모없는 아이야. 나 따위는 잊어버릴 거야. 나는 그냥 세상에 없는 존재로 만들어버리고 말 거야.'

하지만 마리옹, 다시 한 번 말하지만 너는 정말 용기 있는 아이였단다. 물도 무서워하지 않아서 수영도 꽤 오래했어. 엄마 생각에는 너무 차갑게 느껴지는 물속이라도 너는 얼마든지 뛰어들어 수영할 준비가 되어 있었지. 스키도 잘 탔고, 연극도 잘했고, 뭐든 한 번 하면 너는 최선을 다했어. 뿐만 아니라 플로랑스 포레스티(Florence Foresti)나 가드 엘마레(Gad Elmaleh) 같은 배우들과 영화 〈라이온 킹(Le Roi Lion)〉, 로맨틱 코미디물도 무척 좋아했더랬지. 세상에는 이렇게나 재미있고 신나는 게 많은데, 넌 불과 열세 살의 나이에 이 모든 삶의 재미를 잃어버렸어. 성당에서 네 장례식이 치러지는 동안 엄마는 셀린 디옹의 노래가 꼭 우리 둘의 얘기처럼 느껴졌단다. 노랫말이 꼭 우리 얘기 같았어.

"나는 엄마, 너는 아이. 이보다 더 사려 깊은 관계는 없지. 너는 모래, 나는 바다. 엄마의 파도가 닿는 유일한 해안. 감정과 애정으로 충만한 내 뜨거운 사랑의 파도가 매순간 너를 뒤덮지. 나는 바다, 너는 아이."•

클라리스가 태어나고 한참 후에 네 남동생 밥티스트가 태어났을 때, 넌 열한 살이었어. 아기를 몹시 귀여워해서 늘 품에 안고 있었지. 넌 사진 프로그램을 이용해서 종종 재미난 합성 사진도 만들곤 했어. 그중엔 '석유 재벌 밥티스트'라는 타이틀까지 달아둔 재미난 사진도 있었어. 한번은 네가 이 사진 합성 프로그램으로 밥티스트에게 레이벤 선글라스를 씌운 뒤 샌프란시스코 다리 위에 갖다놓고, '사장 누구야?'라는 말풍선을 달아두어 얼마나 웃었는지 모른단다. 우리에게 더 없이 소중한 너희 세 사람의 모습이 함께 담긴 사진도 있었어. '프레스 패밀리'라

• 셀린 디옹, 〈바다와 아이(La Mer et l'Enfant)〉, 《Sans Attendre》 앨범 수록. 파비앙 마르조(Fabien Marsaud)와 다비드 가트뇨(David Gategno) 작사.

는 말을 크게 표시해두었더랬지. 태블릿에도 네가 만든 클라리스와 밥티스트의 편집 영상이 꽤 있더구나. 네가 하늘나라로 떠나기 얼마 전인 2013년 2월 3일에도 넌 네 여동생 클라리스의 생일 파티 영상을 촬영했어. 그날, 온 가족이 집에 모여 정말 즐거운 한때를 보냈던 거, 기억나니?

학교에서도 중학교 1학년 때까지는 별 문제가 없었어. 너는 중학생이 된 걸 무척 뿌듯하게 여겼어. 정원 60명 정도의 작은 시골 학교에서 벗어나, 보다 큰 도시에 있는 정원 600명에 근사한 현대식 건물로 지어진 중학교에 다니게 되어 굉장히 좋아했었지. 그 학교에 배정된 아이는 너뿐만이 아니었어. 초등학교를 함께 다닌 친구도 있었고, 유치원 때부터 함께한 친구도 있었으니까.

엄마가 알기에 너랑 어울려 다니던 친구가 네다섯 명 정도는 됐던 것 같아. 그 아이들에게 넌 없어서는 안 될 친구는 아니었지만 나름 쓸모 있는 친구였어. 엄마는 그 아이들도 너를 좋아했던 것으로 기억해. 너는 친구들의 숙제도 도와주고, 발표수업 준비도 거들어주었지. 너는 공부 잘하는 우등생이었으니까. 하지만 그 친구들은 네가 더 이상 필요치 않다고 판단될 때는 얼마든지 너를 따돌릴 수 있는 아이들이었어.

한번은 이런 일도 있었지. 너랑 나랑 주말에 소품 가게를 돌아다니고 있을 때였는데, 너는 휴대폰을 들고 있다가 갑자기 후다닥 가방에 집어넣더구나. 연거푸 그러기에 엄마는 네 휴대폰을 보여 달라고 했지. 네가 무슨 문자를 받은 건지 확인해봐야 했으니까. 문자 메시지는 이렇더구나. "내일 버스 정류장에서 넌 죽었어."

문자를 보낸 사람의 정보는 확인할 수 없었어. 엄마가 여러 번 전화를 해봤지만 받지 않더구나. 마리옹 넌 문자를 보낸 사람이 누군지 모르겠다고 했었지. 엄마는 그 문자를 보낸 사람이 애인지 어른인지 궁금했어. 감히 남의 집 귀한 딸한테 "내일 버스 정류장에서 넌 죽었어"라니, 순간 엄마는 정신이 나가는 줄 알았단다. 자기 딸이 그런 협박을 받는데, 어떤 엄마가 태연할 수 있겠니?

그러던 끝에 엄마는 한 아이의 이름과 함께 저장된 음성 메시지를 들었어. 너는 그 아이가 누구인지 알고 있었지만 엄마는 모르는 아이였어. 그래서 엄마는 그 아이와 어울려 다니는 친구들이 누구인지 물었어. 결국 엄마는 이 이름을 가진 남자애를 아는 한 엄마를 알아냈지. 그 엄마 말이, 홀어머니 슬하에서 자라는 아이인데 그 애 엄마는 아들 걱정이 이만저만이 아니라고 하더구나.

그날 저녁 엄마는 네 담임한테 이메일을 보냈고, 그다음 날에는 교감한테 전화를 걸었어. 교감은 "그 학생 부모는 이혼한 상태고, 현재 그 애 아버지는 아프리카에 계십니다"라고 설명하더구나. 난 교감이 그 아이와 엄마를 학교로 불러서 사과를 받았으리라 생각해. 그 남자애는 자기도 왜 너한테 그런 협박을 했는지 모르겠다고 말하면서 다시는 그런 행동을 하지 않겠다고 약속했어.

너는 휴대폰을 개통한 지 얼마 되지 않은 그 시점에서 누가 네 새 휴대폰 번호를 이 아이한테 알려준 것인지 알아내기 위해 여기저기 수소문하고 다녔어. 그 애한테 네 번호를 알려준 아이는 마틸드였더구나. 그로부터 2년 후, 엄마 머릿속에서 떠나지 않게 된 바로 그 이름이었지.

그때 우리는 학교에서의 폭력 문제에 대해 함께 이야기를 나누었어. 엄마는 인터넷에서 찾아낸 '학교 폭력 예방' 영상을 너에게 보여줬지. 학교 폭력 문제에 대한 경각심을 일깨워주기 위해 교육용으로 이 영상을 배포한 경찰보다 엄마가 한 발 더 빨랐어. 우리는 학교에서의 괴롭힘 문제나 성 관련 문제에 대해 이야기를 나누었지. 성과 관련한 대화 자체를 금기시하는 부모도 있지만 엄마는 그렇지 않아. 네가 더 어렸을 때에도 엄마는 네게 소아성애자에 대한 경계심을 키워주었으니까.

네가 맹장 수술을 받았던 중학교 1학년 때가 기억나는구나.

수술 전날 저녁, 너는 계속 배가 아프다고 투덜댔지. 하지만 그때 클라리스도 어디를 삐끗한 상태라서 우리의 관심은 온통 그쪽에 쏠려 있었단다. 다음 날 아침, 넌 우리한테 와서 이렇게 말했었지. "밤새 한숨도 못 잤어. 정말 너무 아파." 우리는 왜 진작 엄마 아빠를 부르지 않았느냐고 물었어. 그랬더니 너는 "방해될까봐"라고 하더구나. 마리옹, 넌 그런 아이였어. 남에게 민폐 끼치는 걸 정말 싫어하던 아이였지.

이듬해, 너는 친구랑 같이 자전거를 타다가 친구 자전거에 발이 걸려 다친 적이 있었어. 엑스레이 사진을 본 의사 선생님은 혀를 내두르면서 "이 정도 골절이면 아이가 아프다고 꽤 우는 소리를 할 겁니다"라고 하시더구나. 하지만 넌 수술실로 데려가는 나에게 도리어 "엄마, 다 괜찮을 거야"라며 안심시켜주었어.

마리옹, 그렇게 넌 참을성이 많은 아이였어. 우리는, 네 아빠와 나는 그렇게 믿었단다. 마리옹 너도 그런 네 자신을 잘 알고 있었지. 페이스북에도 너는 이런 말을 자주 남겼더구나.

"나는 잘 참는 성격이다. 그래서 침묵하고 있지만 모든 걸 다 기억하고 있다."

중학교에 다니는 동안 너는 모든 과목에서 칭찬을 들었단다. 하지만 중학교 2학년 때는 좀 힘든 기색이 보였어. 엄마한테 와서는 여자애들이 너를 놀린다고 투덜대곤 했었지. 네 이빨이

'토끼 이빨' 같다고 놀리는 애가 있는가 하면, 네가 '뚱뚱하다' 거나 '남자애처럼' 옷을 입는다고, 혹은 브랜드 옷을 입지 않는다고 뭐라 하는 애들도 있었지. 쉬는 시간 동안 네게 쏟아지던, 이 말도 안 되는 지적들은 네게 상처를 입혔어.

네 친구들은 생일 파티는 물론 파자마 파티에도 너를 초대하지 않더구나. 사실 중학교 2학년 이후로 넌 단 한 번도 초대받은 적이 없었어. 물론 엄마도 더 이상은 나서서 네 친구들을 초대하려 들지 않았지. 이제 어린애들 생일 파티 해주는 시기는 지났다고 생각했으니까. 게다가 엄마에겐 돌봐야 할 아기도 있었어. 엄마가 널 위해 할 수 있는 일이라곤 가끔 가다 네 친구에게 우리 집에 와서 자고 가라는 이야기를 하는 정도였지.

중학교 2학년 말엽인 6월의 어느 날 저녁, 너는 울면서 엄마한테 전화를 걸어 "애들이 떼거리로 나한테 욕하고 놀렸어"라고 말했지. 주범은 대개 남자아이들이었는데, 걔들이 너더러 '자폐'라느니 '다운증후군'이라느니 하며 놀렸다고 했어. 집에 와서 엄마는 교장한테 전화로 이 사실을 알렸단다. 너는 울먹이며 하소연을 늘어놓았어. "나도 이유를 모르겠어. 난 자폐도 아니고, 다운증후군도 아니야. 내가 무슨 등신에 고자질쟁이도 아니고, 다들 나한테 왜 그래?"

아이들은 네가 공부를 열심히 한다는 이유로 '공부벌레' 취급을 하기도 했어. 어떤 애들 말로는 네가 공부를 잘해서 네 인생을 망쳤다는데, 이게 대체 말이나 되는 소리니?

중학교 1학년 때 사건과 마찬가지로 그 당시 교장 선생님은 바로 조치를 취해주셨단다. 교장 선생님이 문제를 워낙 잘 해결해주신 덕분에 이후로는 그런 소리가 엄마 귀에 들리지 않았어. 그다음 연도에는 교장 선생님이 다른 학교로 전근을 가셨지. 그 사이에 새 학년이 되어 너도 새로운 학급에 배정을 받았어. 엄마는 이제 모든 게 다 잘될 거라고 생각했단다. 너그럽고 밝은 성격이었던 너는 자처해서 웃음거리가 되어주었지. 하지만 한 번 피해자가 된 사람들은 스스로의 약점을 너무도 잘 알고 있어. 그래서 너는 어떻게 해서든 친구를 만들고 싶어했어. 모든 걸 감수하고서라도 말이지.

해도 해도 너무한다는 생각에 결국 현실에 반기를 들고 편지를 써내려간 그 순간까지 넌 그렇게 참고 또 참았어. 아이들 무리는 너를 '걸레' 취급하며 놀렸고, 교사는 아무런 보호 조치도 취해주지 않았으며, 학교는 '강 건너 불구경'하듯 수수방관만 했지. 그래, 해도 너무했어, 마리옹! 다들 정말 너무 심했어!

10

알 수 없는 묘한 기류

"왜 다들
꺼리시는 거죠?"

네가 우리 곁을 떠나간 뒤 1년 동안 네 아빠와 나는 여러 감정이 뒤섞인 상태에서 상당히 혼란스런 시간을 보냈단다.

우리는 네가 학교 안에서 집단 괴롭힘을 당한 피해자라는 확신이 들었어. 학교에서 아이들은 너에게 반복적으로 폭력과 폭행을 휘둘렀고, 그 피해는 고스란히 네 몫이 됐어. 그렇다고 우리가 가만히 손 놓고 있었던 건 아니야. 우리는 누누이 너희 반분위기가 안 좋다고 교장에게 말했었고, 너를 같은 학년의 다른 반으로 옮겨달라는 부탁도 했더랬지. 최근에 새로운 교장이 부임한 뒤로는 학교 문제가 제대로 해결되지 않은 채 그냥 방치돼 있는 듯한 느낌을 받았기 때문이었어.

우리는 오로지 진실을 알고자 했을 뿐이야. 하지만 학교 측은

우리 질문에 묵묵부답이었고, 선생님들은 우리를 피하기 바빴
단다. 학부모들도 우리를 적대시하며 거리를 두려 했어. 네가 남
긴 편지 내용을 정확히 알지 못한 채 눈치로만 미루어 짐작하고
있었을 테니, 두려웠겠지. 그 편지 때문에 자신들이 불이익을 당
할까봐 벌벌 떨고 있었던 거야. 우리가 들쑤시고 다니는 게 저
들에겐 그리 달갑지 않은 일이었겠지. 우리는 그저 학교에서 무
슨 일이 일어난 건지 알고 싶었을 뿐인데, 그게 저들의 심기를
불편하게 했나봐. "왜 자꾸 알려고 하죠?"라는 말에서 이를 짐
작할 수 있었지.

　그래도 다행히 우리 곁에는 경찰이 있었단다. 경찰은 문제 해
결의 의지를 갖고 찬찬히 우리를 도와주고 있었어. 하지만 법원
은 네가 자살이라는 극단적인 수단을 쓸 수밖에 없었던 이 사태
의 심각성을 제대로 이해하지 못하는 듯했어. 사건을 맡은 검찰
은 수사 의지가 있나 싶을 정도로 무관심했어. 우리가 이 사실
을 알게 된 건 네가 떠나고 5개월이 지나서였단다. 2013년 7월
여름, 검사가 불러서 가봤더니 이렇게 말하더구나. 프랑스 3 채
널의 보도와 《르 피가로(Le Figaro)》에 실린 기사 때문에 결국 조
사에 착수하게 됐다고 말이야.

　우리는 한 시간 동안 검사의 설명을 들었어. 검사는 네 사건
에 별다른 특이점이 없다고 하더구나. "이미 수사를 시작한 지

5개월이 지난 사건입니다"라는 말도 덧붙였지. 그러면서 은근슬쩍 돈과 시간이 걸린 문제라는 암시를 주었어. 이 모든 일들이 매우 유감스럽긴 하나 검찰에서 해줄 수 있는 부분은 아무것도 없다는 이야기를 매우 정중하게 하더구나. 그의 결론은, 네 사건처럼 학교에서 일어나는 일들은 교장이 알아서 적절한 제재를 가해야 한다는 거였어. 검사는 학교 측에 어떤 압력을 행사할 수 있다는 뉘앙스를 풍겼지만, 그건 어디까지나 우리를 조용히 달래면서 잠잠하게 만들려는 수작이었지.

결국 우리는 변호사를 찾아갔단다. 2013년 11월 13일, 우리 측 변호사는 X에게 폭력과 살해 위협, 자살 선동, 과실치사, 부작위 죄* 혐의를 주장하며 손해배상 청구소송을 제기했어. 검찰이 불기소처분 쪽으로 방향을 잡은 상황에서 우리가 가만히 있다간 아무런 손도 못 써보고 마리옹 네 사건이 종료될 가능성이 컸기 때문이지. 그러면 네가 편지를 남긴 것도, 네 자살 동기에 대해 설명하려는 것도 모두 무용지물이 돼버리고 마는 거야. 마치 아무 일도 일어나지 않은 것처럼 말이야. 그러면 네 죽음은 허사로 돌아가고, 그저 질풍노도의 시기에 청소년 한 명이 잘못된 선택을 한 것으로 끝나고 말겠지.

• 적극적인 범죄 행위를 저지르지 않았더라도 범죄 구성 요건이 실현되는 범죄. - 옮긴이

우리는 그 상황을 그냥 두고 볼 수는 없었단다. "검찰은 지금 피해 학생한테만 초점을 맞춰 조사하시네요. 우리 딸을 괴롭혔을 가해 학생은 그냥 내버려두실 건가요?" 우리가 이렇게까지 말했는데도 검사는 별 관심을 안 보였어. 엄마는 다시 한 번 관련 학생들을 심문 조사해달라고 요구했어. 아이들이 말한 내용들 중에 서로 안 맞는 부분을 확인해달라고, 휴대폰 통화 내역과 문자 메시지 내용도 모두 추적해달라고 부탁했어. 하지만 검찰은 더 이상 수사를 진행할 것 같지 않더구나.

마리옹, 네 사건 같은 건 대개 생활형 사건사고로 치부되어 검찰이 공소를 제기하지 않고 그냥 끝내버리기 십상이란다. 앞으로 이런 일이 또 다시 생기지 말란 보장도 없는데, 검찰은 정말 일말의 관심도 갖지 않더구나. 이들에게는 그저 신문 사회면에 조그맣게 실릴 법한 성가시고 귀찮은 일개 사건에 지나지 않았어. 문제를 일으킨 당사자는 청소년이고, 어른들은 그 책임을 지지 않으려는 상황에서 모든 게 아주 골치 아프게 된 것이지. 사람들은 학교도, 학생들도 건드리고 싶어하지 않았어. 아이들과 학교를 보호하기 위해 그 위로 방어막을 씌우려고만 했지.

너는 자살 시도를 하기 전에 네 생각을 밝혔어. 네가 왜 그런 결심을 하게 되었는지 그 이유에 대해 설명하려 했던 거지. 너는 문제 학생들의 이름을 일일이 열거해두었어. 경찰과 우리는

10_ 알 수 없는 묘한 기류

네 죽음과 관련해 조사하는 동안 인터넷상에서 몇몇 단서와 증언들을 발견했어. 네가 죽기 전날에 심한 모욕을 당했다는 증거들이었지. 그런데도 법원은 왜 여기서 멈추려는 걸까?

그 뒤 네 사건은 예심 판사에게 맡겨졌단다. 판사님과의 접견은 2014년 5월 28일에 이뤄졌는데, 꽤 믿음직한 분이셨어. 검찰 쪽과 변호인 쪽 그 어느 쪽도 편들지 않고 중립적으로 수사를 진행하셨고, 특히 네가 마지막으로 남긴 한마디 한마디를 귀 담아들으셨지. 판사님은 네 사건에 관심을 보이셨어. 널 집어삼킨 이 비극의 실체에 대해 알고 싶으셨던 거야. 판사님은 상황을 정확히 진단하고, 이로부터 문제의 핵심을 파악하는 게 중요하다고 생각하셨어.

2013년, 검사와 만난 뒤로 네 아빠와 내가 제일 속상했던 건 바로 네 사건에 '별다른 특이점이 없다'고 말하는 사람들이었어. 이게 말이나 되는 소리니? 우리는 손해배상 청구소송을 진행하면서 네 사건과 관련된 문건들을 조회해볼 수 있었지. 네가 떠나고 1년 뒤, 2014년 봄에 우리가 찾아본 네 문건에는 정말 많은 내용이 들어 있더구나. 그 문건에는 네가 편지에 언급했던 아이들을 심문한 내용도 들어 있었어. 네가 죽기 전날, 그 아이들 중 어떤 남자애 혹은 여자애가 너한테 "어디 한번 목매달고 죽어봐. 그래봤자 한 사람 더 줄어든 것밖에 더 되겠어?"라는 끔찍한 말을 내뱉었다는 내용도 있었지.

그 아이들은 분명 너한테 "어디 한번 목매달고 죽어봐"라는 말을 내던졌고, 마리옹 너는 이를 행동으로 옮겼지. 어리고 착한 너는 이 아이들의 바보 같은 명령을 곧이곧대로 따른 거야. 마리옹, 네가 얼마나 돌이킬 수 없는 짓을 저지른 것인지 알겠니? 너를 그토록 사랑했던 모든 사람들에게, 지금까지도 너를 사랑하는 이 모든 사람들에게 너는 너무도 큰 고통을 안겨주었어. 엄마는 너에 대한 사랑을 도저히 과거형으로 말할 수 없구나.

여름이 오기 전에 엄마는 예전에 널 가르쳤던 선생님과 만난 적이 있었어. 네가 떠나고 넉 달 뒤였으니까 아마 6월 말쯤이었을 거야. 정말 우연한 만남이었어. 밥티스트의 상태가 좀 안 좋다는 어린이집 선생님의 전화를 받고 평소보다 조금 일찍 퇴근해 들어가는 길이었지. 전철을 타고 당페르-로슈로 역까지 서서 가다가 빈자리가 생겨 앉았단다. 그런데 옆자리에서 열심히 신문을 읽는 한 남자가 왠지 낯이 익더구나. 가만 보니 H 선생님이셨어. 너의 중학교 1학년, 2학년 때 국어 선생님 말이야.

엄마는 선생님을 힐끔힐끔 쳐다봤지. 하지만 전철 같은 곳에서 엄마 인생을 시시콜콜 늘어놓고 싶지는 않았어. 네 얘기를 하다가 눈물을 흘리는 건 더더욱 원치 않았고. 선생님한테 말을 붙이고 싶었지만 좀체 용기가 나질 않았어.

10_ 알 수 없는 묘한 기류

마시-팔레조 역에 도착했을 때, 가벼운 인사 정도는 나눠도 되지 않을까 싶더구나. 종점이 가까워지면서 전철 안도 비교적 한산해졌고. 하지만 엄마가 너무 늦게 마음을 먹었나봐. 이미 선생님은 눈에 보이지 않았어.

하는 수 없이 엄마는 전철에서 내려 버스로 갈아탔단다. 버스가 막 떠나려는 찰나, 글쎄 누가 올라탔는지 아니? 바로 네 국어 선생님이셨어! 선생님은 엄마의 건너편 옆 좌석에 자리를 잡고 앉으시더구나. 이번엔 엄마도 용기를 내보기로 했어. 마음속으로 계속 '선생님한테 말을 걸어야 한다'는 주문을 외우고 있었거든.

엄마는 버스에서 먼저 내린 뒤 선생님이 뒤따라 내리길 기다렸어. "안녕하세요. 마리옹 엄마예요." 그러자 선생님은 "앗 이런, 못 알아봐서 죄송해요"라고 하시더구나. 선생님은 미안해 어쩔 줄 몰라 하며 엄마를 한 번 껴안아주시더구나. "정말 유감이에요. 마리옹이 그렇게 돼서…… 정말 뭐라 말씀드려야 할지 모르겠네요. 정말 귀여운 아이였는데……."

선생님과 엄마는 이런저런 얘기를 나누었단다. "마리옹이 정말 힘들었을 거예요. 아이들로부터 모욕적인 문자도 받았던 거죠?" 엄마는 그렇다고 말씀드렸지. 그러고는 이렇게 덧붙였단다. "마리옹한테 그 일이 생긴 뒤로는 선생님들을 접할 기회가 거의 없었어요. 저랑 얘기 나눈 선생님은 국어 선생님이 처음이세요. 그 누구도 저희한테 연락해오지 않았어요. 심지어 애도의 말 한마디 못 들었어요." 선생님이 깜짝 놀라시더구나. "네? 저희가 보낸 편지를 하나도 못 받으셨어요?" 편지라니, 이게 무슨 소리니? 편지에 관한 얘기는 정말 금시초문이야. 엄마가 무슨 말인지 못 알아듣자 선생님이 설명해주시더라. "교사들 모두 마리옹의 죽음을 애도하는 글을 썼어요. 한마디씩 써서 교장 선생님에게 전달해드렸었는데……."

"뭐라고요? 편지를 교장에게 전달했다고요?" 이 얘기를 들으니 울컥 부아가 치밀어 오르더구나. 그래도 선생님께는 고마운 마음을 전했단다. "그나마 위로가 좀 되네요. 다들 마리옹의 죽음을 외면하고 있는 줄 알았거든요. 그 때문에 정말 많이 서운했어요. 일언반구 한마디도 없어서 어찌나 섭섭했던지……."

선생님의 위로 덕분에 모두가 너의 죽음을 외면하고 있었던 건 아닌 듯싶어 마음이 꽤 놓였어. 동시에 그 모든 대화의 통로를 차단해버린 교장에게 화가 났어. 정말 경악을 금치 못할 행동 아니니?

H 선생님은 학교 측 지시를 고분고분 잘 따르는 교사는 아니셨어. 전근을 요청해둔 상태라고 귀띔해주셨지. 사실 선생님도 수업 분위기가 소란스러운 데다 버릇없는 아이들의 태도 때문

에 그동안 상당히 힘드셨대. 나름 교장한테 건의도 해봤지만, 자기편은 아무도 없었다고 하시더구나. 잘못한 학생들을 처벌하면 그 학생들은 선생님에 대한 불만을 토로했고, 교장은 학생들 편을 들어주었대. 더욱 씁쓸했던 건 네가 세상을 떠난 다음에 몇몇 아이들은 공부하기 싫어 일부러 슬픈 척했다는 거야. 심지어 너를 핑계로 수업에 들어오지 않는 아이들도 있었다는구나. "선생님, 도저히 집중이 안 돼요!"라며 수업에 들어오지 않았대. 문제아들은 이 기회를 틈타 더더욱 공부를 안 하려 들었대. 선생님은 이 사실을 교장한테 말해봤지만, 돌아오는 대답은 애들을 그냥 내버려두라는 지시였다는구나.

엄마는 선생님들이 우리에게 쓰셨다는 조문 편지 얘기를 해주셔서 감사하다고 말씀드렸어. 그러자 H 선생님은 '6월 말에 학교에서 기말 총회가 열리는데 자기도 참석할 예정'이라고 하셨어. 엄마는 다시 한 번 부탁을 드렸어. "죄송하지만 다른 선생님들께 좀 전해주시겠어요? 선생님들께서 조문 편지를 써주셨는데 우리가 감사 인사는커녕 아무런 내색도 하지 않은 건 그 편지를 받지 못했기 때문이라고요."

새로운 정보를 하나 더 입수한 엄마는 여느 때처럼 변호사한테 이메일로 이 소식을 상세히 알렸단다. 우리 측 변호사는 2013년 7월 9일자로 학교에 편지를 보내 이에 대한 설명을 요구했대. 그랬더니 학교 측은 상당히 늦게 답신을 보내오더구나.

2013년 9월, 《르 피가로》는 다시 한 번 네 사건을 다루었단다. 그때 기자가 학교 측과 지방 교육청 측에 질의를 했었나봐. 어찌됐건 기사가 나오기 전날, 우리는 교장으로부터 편지 한 통을 받았단다. 자기한테는 편지고 뭐고 아무것도 없으며, 우리가 교장을 중상모략하고 있다는 내용이었어. 이 편지는 2013년 9월 6일에 작성되었는데, 우체국 소인을 보니 꽤 시간이 지난 뒤에 발송한 것 같았어.

우리는 이 문제를 분명히 해두고 싶어서 선생님들의 조문 편지에 대해 알려준 H 선생님을 여기저기 수소문해봤단다. 이미 다른 학교로 전근 가신 뒤였거든. H 선생님이 옮겨간 학교를 찾아낸 엄마는 '교장이 조문 편지의 존재를 부인한다'고 알려드렸지. 그랬더니 선생님은 조문 편지는 분명 있었다고 재차 확인해주셨어. "교무실에서도 그 편지에 대해 이야기를 나눈 적이 있는 걸요." 선생님은 네가 아이들에게 수모를 겪었으며, 심지어 수업 시간 도중에도 문자를 받는 일이 있었다고 거듭 강조하셨지. 엄마는 선생님한테 이 내용을 증언해주실 수 있겠느냐고 물었어. 선생님은 한번 생각해보겠다고 하시더구나. 그러면서 자기랑 친한 여교사인 L 선생에게 전화를 해보겠다고 했어. "저로서는 신중하게 처신해야 할 문제라서요. 다시 연락드리겠습니다.” 그 뒤로 H 선생님과는 연락이 두절되었단다.

한번은 어떤 엄마가 와서 “H 선생님과 연락하셨다면서요? 그 선생님이 옮겨간 학교까지 L 선생님이 찾아가 아무 말도 하지 말라고 당부했대요”라고 하더구나. 이 엄마는 한두 선생의 이야기를 익명으로 전해주며, 내게 힘이 되어준 분이셔. 알다시피 학교 안은 침묵의 계율이 지배하고 있었기에 아무도 입을 열지 않았거든.

이 소식을 듣고 엄마는 마음이 어수선했지만, 아무 일도 없다는 듯이 슬쩍 H 선생님께 연락을 취해보았단다. 그때가 아마 크리스마스 전쯤이었을 거야. 선생님은 “요새 많이 힘드시죠?”라면서 여전히 따뜻하게 대해주시더구나. 엄마는 교장이 중간에서 차단했던 선생님들의 조문 편지에 대해 다시 한 번 여쭤봤어. 놀랍게도 선생님은 “아뇨, 그런 편지는 없었습니다”라고 하시더구나. 예전에 길에서 우연히 뵈었을 때에는 분명 편지가 있다고 하셨고 나중에 전화로 여쭤봤을 때에도 편지는 분명 있다고 하셨는데, 이번에는 정반대로 말씀하시는 게 아니겠니? “선생님, 무슨 말씀이세요? 선생님들이 한마디씩 써서 교장에게 준 편지가 있다고, 분명 두 번이나 말씀하셨잖아요? 근데 지금은 없디고요?”

엄마는 혹시 L 선생님과 이야기한 적이 있느냐고 물었지. H 선생님은 말끝을 흐리면서 이렇게 말씀하시더구나. "네, 만나서 이야기를 나누긴 했죠. 분명하게 말씀드리는데, 편지 같은 건 없었어요. 사람들이 어머님과 사사로이 연락하지 않는 이유는 어머님께서 이를 달갑지 않게 여긴다고 교장 선생님께 말했기 때문이에요." 순간 아찔하더구나. 엄마가 교장한테 개인적으로 '당신과는 만나고 싶지 않다'고 했던 말을 H 선생님이 알고 계셨으니까. 그건 아무래도 좋았어. "그럼, 선생님께서는 증언을 안 해주실 생각인가요?" 그렇다고 대답하시더구나. 법원에서 소환하면 어쩔 거냐고 했더니, 그건 그때 가서 생각해보겠다고 하셨지.

마음이 크게 상한 엄마는 왜 다들 증언하지 않으려 하냐고 물어봤어. "교사들한테 기밀 준수의 의무 같은 거라도 있나요? 학교에서 잘릴 위험도 없을 것 같고, 선생님들한테 무슨 해가 될 것 같지도 않은데 왜 다들 꺼리시는 거죠?" H 선생님은 솔직하게 '평가 점수에 따라 전근 명령이 떨어질 수도 있고 승진이 늦어질 수도 있다'고 하시더구나.

엄마는 좀 더 외교적으로 접근하지 못한 걸 반성했단다. 엄마의 불찰이었어. 마리옹, 네가 떠나고 난 뒤 우리 주위엔 알 수 없는 묘한 기류가 흐르고 있었어.

10_ 알 수 없는 묘한 기류

네가 세상을 떠나고 서너 주쯤 지났을 무렵, 브리이스-수-포르주 꽃집에 간 적이 있었단다. 도시에서 직접 묘목을 사다가 키우는 건 쉽지 않은 일이기에 언제나처럼 꽃집으로 향한 것이지. 중심가로 가기 위해선 너희 학교 앞을 지나야 했지. 그때가 목요일 아침이었어. 주차를 하려는데 저 멀리로 다미앵과 케빈, 메일리스, 마농, 나디아가 보이더구나. 한마디로 널 괴롭혔던 아이들 무리가 총출동해 있었지.

아이들은 후미진 구석에 잔뜩 몰려 있었어. 학교에서 100미터쯤 떨어진 그곳은 아이들이 모여 술을 마시거나 담배를 피우는 아지트 같은 곳이었지. 낮은 돌담으로 둘러싸인 데다 움푹 들어간 장소라 '빨래터'란 별칭으로도 불렸었어. 그곳에선 학교 정문이 한눈에 들어왔고, 학교 쪽에서도 마찬가지로 시선이 닿는 곳이었어. 너를 괴롭혔던 아이들이 죄다 까르르 웃어대며 신나게 노는 걸 보니 꼴사나워 도저히 못 봐주겠더라. 엄마는 차에서 내려 그 아이들 곁으로 다가갔단다. 한창 대마초를 피우던 중에 엄마가 등장하자 아이들은 깜짝 놀라 허둥지둥 마약을 숨기더구나.˙

• 프랑스에서 대마초는 순한 마약으로 분류되어 우리나라보다 구하기 쉬우며, 법으로 금지돼 있기는 하나 단속이나 제재가 큰 편은 아니다. 사람들 사이에서도 대마초는 술보다 의존도가 낮은 마약이라는 인식이 있어 꽤 보편적으로 사용되는 편이다. 프랑스 중학생이 대마초를 피우는 상황은 우리나라 중학생이 담배를 피우는 상황과 약간 비슷하다고 보면 된다. - 옮긴이

"다들 잘 지내니?" 엄마가 뼈 있는 인사말을 건네며 다가가 자 몰래 숨어 대마초를 피우던 아이들은 적잖이 놀란 눈치였어. 그렇다고 뿔뿔이 흩어져 달아나지도 않더구나. 다미앵은 대뜸 엄마한테 "죄송하지만 이만 가보셔야겠어요. 저기 경찰이 있다 고요"라고 말했어. 엄마는 뒤를 한 번 돌아본 뒤 반박하고 나섰 지. "경찰? 경찰이 어디 있는데?" 그러자 네 반 '친구들' 중 하나 는 눈도 깜짝하지 않고 건방진 말을 지껄이더구나. "여기서 막 돌아다니시면 안 돼요. 무슨 일이라도 당하면 어쩌시려고요." 하도 어이가 없어서 엄마는 이렇게 비꼬았지. "아하, 나는 여기 를 돌아다닐 권리도 없는 거니?"

다들 엄마를 삐딱한 시선으로 바라보고 있었단다. 엄마의 눈 과 귀를 믿을 수 없는 그 상황에서 "아줌마는 너희한테 말도 걸 면 안 되는 거니?"라고 되물었어. 그리고 이렇게 덧붙였지. "특 히 너, 케빈! 너는 유치원 때부터 아줌마를 봐왔지 않니?" 엄마 는 또 여자애들 중 하나한테 이렇게 말했단다. "나디아, 넌 아줌 마가 누군지 알지? 재수 없는 범생이 엄마이자 외톨이 엄마잖 아." 메일리스는 얼굴이 아주 빨개지더구나. 엄마는 마지막 일 침을 박았단다. "나랑 만나서 얘기하는 게 왜 문제가 되지?"

다미앵은 위협적으로 자기 휴대폰을 휘두르며 "경찰을 부를 거예요"라고 말하더구나. 그러더니 "경찰서에 전화할 거예요.

아줌마는 우리 곁에 다가올 권리가 없어요"라며 큰소리쳤지. 내 앞에서 버젓이 대마초를 피우고 있던 애들이 정말 못 하는 소리가 없더구나. 진짜 개념 없는 아이들이었어. "가까이 다가갈 권리가 없다니, 여기서 꼼짝 않으마. 더 이상 움직이지 않을 테니 경찰을 부르렴. 얼마든지 기다려줄게."

자기네들 아지트에서 깔깔대며 별짓 다하던 아이들은 마치 나를 '공공의 적 1호' 대하듯이 하더구나. 정말 그 애들이 아무 잘못도 안 했다면, 엄마가 아무리 차갑고 무뚝뚝하게 굴었어도 네 죽음을 애도하는 말 한마디 정도는 건네야 하는 것 아니니? 마리옹 네가 세상을 떠난 뒤 처음 만난 자리였으니까.

열세 살밖에 안 된 이 아이들은 죄다 휴대폰을 손에 쥐고 있었고, 그중 한 아이가 어딘가로 전화를 걸더구나. 경찰서는 아니었어. "지금 앞에 마리옹 엄마가 있어"라고 말하는 걸로 봐서는 자기 엄마한테 전화를 건 것 같았지. 아이의 엄마는 지금 있는 곳이 어디냐고 묻는 것 같았어. 아이의 대답이 "지금 빨래터에 있어"였거든. 그다음에 아이의 엄마가 뭐라고 했는지는 모르겠으나, 아이는 이렇게 말하며 엄마를 안심시키려 했어. "아냐, 수업은 11시에 가면 돼." 나중에 알게 된 사실이지만, 아이는 학교에 있는 것처럼 말했었니뵈. 그리고는 진화를 끊었시.

"경찰서에 전화했니? 그럼, 어디 한 번 기다려보자꾸나." 엄마의 말에 아이는 자리를 뜨더구나. 다른 아이들도 적대적인 눈 길로 엄마를 쳐다봤지. "아줌마, 여기 계시면 안 돼요. 제발 이 러지 좀 마세요." 말도 안 되는 억지를 부리면서 이 아이들은 엄 마까지도 그곳에서 몰아내려 하더구나. 한 달 전 너한테 했던 것과 똑같이 말이야. 괴로운 마음을 진정시키기가 힘들었어. 이 아이들이 너한테 협박하는 모습이 눈앞에 생생하게 떠오르는 것 같았어. "네 눈을 뽑아버릴 거야." 마치 네가 엄마 앞에서 이 런 말을 듣고 있는 느낌이었어.

엄마는 더욱 단호하게 힘주어 말했어. "내겐 여기 있을 권리 가 있어. 너희와 마찬가지로 나 역시 얼마든지 이 근방을 돌아 다닐 권리가 있어. 내 딸은 죽었고, 나는 내 딸한테 가져다줄 꽃 을 사러 가던 길이었어. 그것만 아니었다면 너희와 입씨름하며 여기 있지도 않았을 거야. 알겠니?"

엄마는 꽃집으로 가면서 경찰과 변호사한테 이메일을 보내 방금 일어났던 일들에 대해 알려주었어. 경찰한테 전화를 걸어 동네 조무래기 따위가 엄마한테 겁박을 주려 했다는 이야기까 지 해주었지. 아이들은 엄마를 원망하면서 울먹이는 모습으로 학교로 돌아갔고.

이듬해 1월, 그러니까 네가 떠나고 1년쯤 시간이 흘렀을 때

보그리뇌즈 시장님은 우리에게 근사한 제안을 하셨단다. 보그리뇌즈 시청에서 열리는 신년회에 네 아빠와 내가 참석해달라는 거였어. 엄마는 사람들과 만나는 자리가 딱히 내키진 않았지만 시장님이 왜 그런 제안을 해주셨는지는 알 것 같았어. 그래서 신년회에 참석했단다.

시장님은 이런저런 이야기를 길게 늘어놓으셨어. 네 얘기도 하고, 우리 얘기도 하셨지. 너무 많은 사람들이 우리에게 등을 돌렸다면서 안타까워하셨어. 그리고 힘든 순간에는 모두가 힘을 합쳐야 한다고, 가족들에게 힘을 보태줘야 한다고 말씀하시더구나. 엄마는 너무 울컥해서 시장님이 무슨 말씀을 하시는지 제대로 들리지도 않았어. 다만, 정말 멋진 연설이었고 무척 힘이 되는 따뜻한 말씀이었다는 것만 기억나.

신년회 자리엔 너희 학교에서 일하던 시의회 의원도 있었단다. 학교를 흔들어대지 말라던 그 시의원 말이야. 그 여자는 앞에 앉아서 시장님의 연설 내용을 다 녹음하더구나. 그리고 당연히 교장에게 들려줬겠지. 심기가 불편해진 교장은 명예훼손으로 시장을 고소하겠다고 협박했어.

마리옹, 정말 이상하지 않니? 네가 떠나고 몇 달간, 우리는 자식을 잃은 부모에게 정중한 애도의 인사는커녕 따뜻한 위로 한마디 건네지 않는 사람들과 맞서 싸워야 했어. 열세 살 딸아이를 잃은 부모가 자식이 왜 죽었는지 그 진실을 알겠다고 나선 게 뭐 그리 큰 잘못이니? 다들 왜 우리의 아픔을 공감하고 격려해주신 시장님처럼 행동하지 못하는 걸까?

네가 끔찍하게 죽었는데도 우리는 네가 왜 스스로 목숨을 끊었는지 아직도 정확한 이유를 모른단다. 그런 상황에서 우리는 네 죽음의 원인을 밝히려 할 수밖에 없어. 왜 다들 그런 우리 마음을 이해해주지 않는 걸까?

11

끝없는 죄책감

**"괜한 루머에
휘말리지 마시고……"**

다른 사람을 탓하는 것만큼 쉬운 일은 없단다, 마리옹. 남에게 책임을 돌리고 희생양을 찾는 건 그리 어려운 일이 아니지. 학교도, 교장도, 교사들도, 학생들도 다 똑같았어. 마리옹 네가 그렇게 된 건 우리 집안에 문제가 있어서라는 거야. 심지어 어떤 사람들은 우리 등 뒤에서 수군거리더구나. 우리 집에 문제가 있었다는 식으로 말이지.

사람들이 은연중에 우리 책임으로 돌린 부분에 대해 덮어놓고 아니라고 할 생각은 없어. 물론 네가 왜 그런 극단적인 선택을 할 수밖에 없는지에 대해서는 이미 네 스스로가 그 이유를 밝혔었지. 말이나 글로 네가 가족에 대한 불평을 늘어놓은 적은 없었어. 외려 "우리 가족이 있어서 다행이야!"라는 메시지 정도만 남겼더랬지. 너는 자신이 사랑받고 있다는 사실을, 널 아끼며 사랑하는 사람들이 주위에 있다는 사실을 알고 있었던 것 같아. 단 한순간도 네가 우리를 미워해서, 네 동생들을 보고 싶지 않아서 우리 곁을 떠났다고는 생각지 않아.

부모는 이런저런 이유로 자식이 죽으면 으레 스스로를 탓하게 마련이야. 네 아빠랑 나 역시 우리가 네 교육을 잘못 시킨 건 아닌지, 너한테 관심을 제대로 주지 못한 것은 아닌지, 혹 사랑을 준 방식이 잘못된 것은 아닌지 생각이 많았단다. 우리가 잘못한 게 뭔지를 두고 고민에 고민을 거듭했어.

너를 사랑했던 사람들 사이에서 죄책감은 마치 전염병처럼 퍼져나갔지. 너를 사랑했던 모든 사람들이 네 죽음에 대해 죄의식을 느끼게 된 거야. 물론 네 죽음과 아무 상관없는 사람들이 잘못된 죄책감을 안고 있는 경우도 있었지. 가령 그날 엄마가 너희가 안 입는 옷들을 가져다줬던 자이아 아줌마만 하더라도 네가 떠난 뒤로 몹시 힘들어했어. "그날, 내가 옷을 가지러 갔어야 했는데……"라며 후회하곤 했지. 다른 사람들도 마찬가지야. 네가 떠나기 얼마 전인 2월 3일, 넌 친척들이 다 모인 자리에서 로맹의 사진을 보여줬어. 그때 그 자리에 있었던 모든 사람들, 한 학년 위로 올라가면 건축가 사무실에서 실습을 해보고 싶다던 네 이야기를 들은 모든 사람들이 네 죽음에 죄책감을 느끼며 괴로워했지.

11_ 끝없는 죄책감

모두가 그렇게 네 죽음에 죄책감을 느끼고 있을 때, 학교에서 네가 도움을 요청했던 사람들이나 네가 '발끈'했을 때 눈 하나 깜짝 않던 이들만은 예외였지. 역설적이게도 너를 괴롭혔던 사람들은 아무렇지 않은데, 네 고통을 눈치 채지 못한 사람들만 죄책감을 느끼며 괴로워했어. 만일 널 죽음으로 몰고 간 장본인들이 조금이나마 양심의 가책을 느꼈다면 그렇게 모르쇠로 일관하지는 않았을 거야. 네 무덤가에 꽃 한 송이도 안 갖다놓는 일도 없었을 거야.

일단 엄마는 네 검찰 문건에 나와 있거나 소문으로 떠돌던 수많은 혐의들을 하나하나 되짚어보고 싶어. 일부 사람들은 문제의 소지가 될 만한 증거로부터 자신을 지키기 위해 우리와 관련한 헛소문을 퍼뜨리거나 우리를 깎아내리고 있었던 것 같아. 물론 그러면서도 '과연 부모로서의 내 행동에 문제는 없었을까' 하는 의심을 내려놓지는 못하고 있지.

사실 우리 등 뒤에서 그렇게 끔찍한 말들을 수군거릴 필요는 전혀 없었어. 이미 엄마는 스스로를 질책하고 혹독하게 꾸짖느라 여념이 없었거든. 자기가 낳은 자식이 견디기 힘든 상황에 처해 있는데도 아무런 힘도 돼주지 못한 부모의 마음을 안다면 감히 그렇게 행동할 수 없었을 거야.

누차 얘기했지만, 목매달아 죽은 너를 발견한 건 다른 사람도 아닌 바로 엄마였어. 그로부터 네게 사망 선고가 내려지기까지는 약 한 시간 반 정도가 걸렸단다. 곧이어 우리는 수많은 질문들에 사로잡혔는데, 특히 엄마는 스스로에 대한 자책과 원망을 내려놓을 수 없었지. 힘든 널 그냥 방치했다는 생각을 떨쳐낼 수 없었거든.

엄마는 계속 생각했어. '왜 마리옹을 혼자 두고 나왔을까?' 잠깐이라도 널 그렇게 혼자 두는 게 아니었는데, 나는 왜 널 혼자 두고 친구 집에 갔던 걸까? 물론 바보 같은 생각인 줄은 알아. 엄마는 네가 얼마나 곤란한 상황에 처해 있는지도 몰랐고, 네가 그런 행동을 벌일 것이라는 예상조차 못 했으니까. 네가 얼마나 힘들게 버티고 있는지, 엄마는 전혀 알 수가 없었어. 너는 그저 몸이 좀 안 좋다고만 했고, 우린 네가 감기 때문에 아픈 거려니 했어. 학교에 있는 그 누구도 네가 겪고 있던 상황을 소상히 알려주지 않았으니 우린 모를 수밖에……

어쨌든 엄마는 스스로를 원망하고 또 원망했단다. 앞으로도 계속 엄마 자신을 원망하며 살아가겠지. 설령 그게 엄마 잘못이 아니었을지라도 자책감에서 완전히 자유로워질 수는 없을 거야. 2013년 2월 13일, 죄의식에 시달리며 미치기 직전인 상황에서 엄마는 모든 가능성을 다 떠올려봤단다. 집에 있을 때 넌 무척 행복해보였기에 네 죽음을 설명해줄 무언가가 필요했어. 심지어 엄마는 누군가가 집에 들어와서 널 목매달아 죽이고 간 게 아닐까 하는 생각까지 했단다. 일간지를 통해 네 유서의 존재를 알게 되고, 네가 왜 세상을 떠나고 싶어했는지 깨달은 건 그다음의 일이었어.

엄마는 죄책감에서 빠져나오질 못했어. 엄마가 놓친 게 무엇인지 계속 골똘히 생각하며 괴로워했지. 일간지 보도를 통해 네가 왜 그렇게 세상을 떠날 수밖에 없었는지 그 이유를 설명한 편지의 존재를 알고 난 후, 우리는 또 다시 억장이 무너지는 걸 느꼈단다. 그러니까 넌 집단 괴롭힘의 희생자였어. 마리옹 넌 왜 그 사실을 우리에게 말하지 않은 거니? 우리와 너 사이에 제대로 된 대화의 통로가 없었던 거니? 마리옹, 부모인 우리가 그런 얘기도 쉽게 털어놓지 못할 만큼 무서웠던 거니?

2월 12일 화요일, 너의 창백한 낯빛을 보고도 난 왜 네가 감기에 걸린 줄로만 알았을까? 저녁때, 심지어 그다음 날 아침에도 너는 왜 엄마한테 사실대로 털어놓질 않은 거지? 아침밥 먹으면서 얘기할 수 있는 시간이 충분했잖니? 도대체 어디서부터 잘못된 거니?

이렇게 말도 안 되는 생각들이 우리의 머릿속을 어지럽히고 있었어. 그때까지만 해도 네가 남긴 편지의 존재를 몰랐으니까. 그리고 편지의 존재를 알고 난 뒤에도 죄의식은 좀체 떨쳐지질 않았어. '마리옹은 왜 아무 말도 안 했을까?'에 대한 질문이 풀리질 않았으니까. 결국 네 인생에서 이 조무래기들이 더 중요한 존재였니? 넌 우리를 사랑하지 않았던 거니? 생각해봐, 네 아빠와 내가 그 아이들보다 더 중요한 존재잖아? 네가 우리한테 아무 말도 안 했다는 건, 더욱이 이 바보 같은 꼬맹이들 때문에 우리를 나 몰라라 했다는 건 도무지 이해가 안 돼. 그건 우리가 널 잘못 키웠다는 얘기밖에 안 되잖아. 우린 좋은 부모가 아니었던 거니?

우리가 머릿속으로 떠올렸던 이 끔찍한 생각들을 모두 이야기하는 이유는 사람들이 너한테 얼마나 험한 짓을 했는지 알아보고 고소를 하기에 앞서, 책임자를 찾아 규명하고 이들의 처벌을 요구하기에 앞서 우리가 어느 정도로 스스로의 문제점을 되돌아보고 있었는지 알려주기 위해서란다. 하지만 누가 뭐라 해도 우리 마음속 깊이 박히게 된 한 가지 생각은 네가 우리 곁에 남아 있을 수 있도록 하는 데에는 그리 많은 게 필요치 않았다는 점이야. 그리고 우리 부부는 이 사소한 부분이 지켜질 수 있도록 평생 싸워가기로 결심했지.

아마 교사나 교내 감독관 중 한 명이 확실하게 네 편을 들어주었다면 이런 참극이 빚어지지 않았을 거야. 네가 당한 수모에 대해 같은 반 친구들이 명확하게 항의 의사를 표시했거나, 아니면 나약한 겁쟁이처럼 굴지 않고 적극적으로 나서서 널 구해주기만 했어도 충분했을 거라 생각해. 너에게 생긴 일을 네가 우리한테 말해주기만 했어도 됐는데⋯⋯. 왜 생활 기록 수첩을 이중으로 적어두었는지, 왜 지각을 했었는지 네가 용기를 내어 우리한테 이야기만 해주었어도 돼. 학교 당국에서 우리한테 연락만 제대로 해줬어도 얼마든지 최악의 상황은 피할 수 있었을 거야. 문제의 그 수요일, 내가 너를 집에 혼자 두고 친구 집에 다녀오지만 않았더라도 넌 아직 우리 곁에서 숨 쉬고 있었겠지.

물론 네가 불과 몇 시간, 몇 분 만에 자살을 결심했을 거라고는 생각지 않아. 아마 너는 전날에도, 그 전날에도 죽고 싶다는 생각을 했을 거야. 사람들이 서서히 너에게 그런 생각을 심어주었겠지. 네 친구라던 저 유명한 클로에는 이렇게 진술했더구나. 네가 죽기 전날, 배가 좀 아프다는 이유로 조퇴를 했다고 말이야. 하지만 그건 사실과 달랐지.

클로에는 수요일 저녁에 자기 아버지를 통해 네 소식을 들었다고 했어. 하지만 정황상 그건 말이 안 돼. 그 무리에 속한 또 다른 아이는 이미 오후에 클로에를 통해 네 자살 소식을 들었다고 말했거든.

클로에, 이 잉큼한 계집애는 '마리옹 집 앞에 응급구조내가 와 있다'면서 누군가에게 문자로 이 사실을 알렸어. 그러면서도 네게 전화를 걸어 왜 응급구조대가 거기에 있는지, 네가 무사한지 알아보지는 않았더구나. 그 치밀함에 혀를 내두르게 돼.

마리옹, 엄마는 이 아이들 가운데서 사건의 자세한 내막을 아는 애들이 여럿 있었을 거라 생각해. 아니, 적어도 무슨 일이 벌어지고 있다는 걸 짐작은 했을 거야. 네가 "어디 한번 목매달고 죽어봐"라는 소리까지 들었으니까. 너는 그 여자애들 중 하나에게 다음 날 학교에 가기가 무섭다고까지 토로했었지.

넌 자살 방법에 대해 설명하고 있는 한 인터넷 사이트를 조회했어. 수요일 아침, 오전 10시 30분의 일이었어. 성실하고 말 잘 듣는 아이였던 너는 그 사이트에 나와 있는 자살 방법을 곧이곧대로 다 따라했지. 그래, 마리옹 너는 죽는 순간까지도 말 잘 듣는 착한 아이였어.

10시 30분에 이 사이트에 접속해 자살 방법을 찾아낸 너는 11시에 아침을 먹으러 나왔어. 그리고 다시 네 방으로 들어가 컴퓨터 앞에 앉았지. 이어 인터넷 카페에 들어가서 게시판 글을 조회했는데, 네가 찾아본 건 실연의 아픔 같은 내용이 아니라 '친구 문제'에 관한 글들이었어. 아마도 교우 관계를 주제로 올라와 있는 글들은 거의 다 읽어본 듯했어. 하지만 거기엔 네 문제를 해결할 만한 답은 없었고, 그 무엇으로도 네 마음은 진정되지 않았지.

이어 넌 페이스북 계정을 열어 한 아이의 프로필 사진을 봤어. 바로 클로에의 사진이었지. 죽기 전에 네가 제일 마지막으로 본 게 바로 이 여자애 얼굴이었어. 네 유서에 제일 먼저 등장하는 이름 역시 클로에였어. 컴퓨터 앞에서 네가 생애 마지막 글을 남기고 있던 바로 그 순간, 넌 클로에의 이름을 제일 먼저 적고 있었지.

마리옹, 엄마 생각엔 아주 작은 거 하나가 널 살렸을 수 있었을 것 같아. 그리 대단한 게 아니더라도 네가 그 끔찍한 결심을 실행에 옮기는 걸 막을 수 있었겠지. 아주 사소한 조치만 있었더라도 네가 그렇게 고집스레 과감한 결정을 내리는 일은 없었을 거야.

하지만 마리옹, 네 생각이 너무 짧았어. 친구와의 관계가 힘들다는 이유로 자살하면 안 되는 거였어. 너한테 누구이 이 사실을 일깨워줬어야 했는데……. 아니, 말을 좀 바꿀게. 친구와의 관계가 힘들다는 이유로 자살하면 안 되는 게 아니라, 자살이라는 것 자체를 해서는 안 되는 거야. 자기 목숨을 스스로 끊는 일은 절대 해서는 안 돼.

네 유서를 읽고 나서 엄마는 네가 왜 자살을 결심했는지 그 이유를 알게 됐어. 앞에서도 말했시반, 이때는 분노의 감정과 한없이 깊은 슬픔의 감정이 뒤엉켜 있던 상태였지. 이런 복합적인 심경에서 벗어나는 일은 여간 힘든 게 아니란다. 네가 상처 입힌 사람은 결국 너를 괴롭히던 그 나쁜 녀석들이 아니라 네가 사랑하는 우리 가족, 네 아빠와 네 동생들 그리고 네 엄마인 내가 되고 만 거야.

하지만 엄마는 알아. 넌 우리의 삶을 엉망으로 만들려던 게 아니라 단지 우리가 네 학교생활 때문에 아파하지 않도록 하려던 거였어. 네가 원한 건 우리를 네 고통으로부터 지키는 것이지, 우리를 고통스럽게 하려던 게 아니잖아?

네가 무너뜨린 건 너를 괴롭혔던 그 아이들이 아니라 바로 사랑하는 네 가족의 삶이었어. 그러고 보니 네가 남긴 마지막 편지에는 우리 가족에 대한 이야기가 단 한마디도 언급돼 있지 않더구나. 네 유서만 보면 우린 이 세상에 존재하지 않는 사람들 같았어. 네 삶에서도 전혀 중요하지 않은, 그런 사람들 같았지. 이 사실에 너무 놀란 엄마는 반쯤 정신이 나간 채 경찰한테 소리쳤어.

"편지에 우리 얘기가 없어요! 어떻게 이럴 수가 있죠? 마리옹이 왜 우리 얘기를 빼놓은 거예요? 대체 왜? 우리는 이 세상에 존재하지도 않는 사람인가 봐요. 마리옹은 우리를 더 이상 사랑하지 않아요. 마리옹은 대체 왜 이런 바보 같은 녀석들 때문에 스스로 목숨을 끊은 거죠?"

11_ 끝없는 죄책감

네가 떠난 뒤 우리는 심리치료를 받았단다. 엄마는 심리치료 사한테 이렇게 말했어. 왜, 도대체 왜 너의 시야에는 우리가 없었냐고 말이야. 그랬더니 심리치료사는 "그건 문제의 원인이 부모님이 아니기 때문입니다"라고 하더구나.

또 곰곰이 생각해보니, 네가 정말로 죽고 싶었던 건 아니라는 확신이 들었어. 너는 삶의 마지막 순간에 다다른 사람들처럼 그저 고통을 멈추고 싶었던 것뿐이야. 남은 게 고통밖에 없다면 사는 게 무슨 소용 있겠니? 게다가 넌 편지에서 앞으로의 바람을 언급했어. 반 '친구들'에게 편지를 쓰면서 넌 분명 현재형으로 간절히 부탁했어. "수업 중에 '걸레' 소리 좀 그만해줄래? 제발 부탁이야"라고 말이지.

너는 그저 네 고통을 끝내려던 거였어. 그러면서 누군가가 나서서 그 고통을 멈춰주길 바랐겠지. 우리가 네 자살을 막을 수 있으리라 생각한 이유도 바로 여기에 있단다. 우리가 너에게 미안한 이유도, 네 '친구'라는 아이들이 너에게 사과를 해야 하는 이유도 바로 그 때문이야.

하지만 이 아이들은 미안해하기는커녕 우리를 피하기만 하더구나. 우리가 마치 적이라도 되는 양 굴었어. 물론 우리가 고소장을 제출하긴 했지. 나 역시 그 애들을 적으로 취급한 건 맞아. 만일 그 애들이 진실을 인정했더라면, 우리에게 와서 사정 설명을 하고 미안하다는 사과를 해주었더라면, 다들 꺼려하는 그 얘기를 우리에게 와서 밝혀주었더라면, 아마 우리도 지금과는 조금 다르게 행동하지 않았을까? 그저 책임자에 대한 처벌 정도만 원했을지 몰라. 우리 눈에 다른 사람들은 진실을 알면서도 외면하려는 이들로밖에 보이지 않는구나.

너를 참 많이도 아꼈던 카미유 언니를 기억하니? 이 학교 출신인 카미유는 너와 한 반이었던 오로르라는 아이에게 페이스북으로 접촉해서 대체 너에게 무슨 일이 일어났던 건지 정확히 알아보려 했었대. 그런데 오로르는 외려 공격적으로 반응하더래. "아이들 이름은 밝힐 수 없어요. 애들 이름은 절대 안 불 테니까 더 이상 알려 들지 마세요. 이미 다 끝난 일이라고요. 만일 내가 걔들 이름을 알려주면 잘 알지도 못하면서 그 애들을 안 좋게 생각할 거 아녜요. 다신 연락하지 마세요."

카미유는 아이들의 표적이 될 위험을 감수하고 계속 사건의 경위를 채근했단다. 그러자 오로르는 '걔들'에 대해 나쁘게 이야기하기는커녕 문제를 복잡하게 만든 건 오히려 마리옹이었다고 말하더래. 마리옹이 아무 이유도 없이 어떤 여자애를 가리켜서 "아무도 널 안 좋아해. 넌 재수 없는 범생이야"라고 썼대. 백번 양보해서 그 애 말이 맞다고 치자. '아무 이유도 없이' 그 여자애한테 '재수 없는 범생'이라고 한마디 던진 게 그런 보복을 당해도 되는 일이었니? 이 바보 같은 아이들 머릿속은 정말 알다가도 모르겠구나.

오로르 이 아이는 네가 세상을 떠났는데도 따뜻한 위로 한마디 없었어. 무언가 질투 섞인 반감을 풍기면서 널 희한한 아이처럼 표현하더구나. "내가 왜 그랬는지, 그게 궁금한 거죠? 마리옹은 늘 입가에 미소가 걸려 있었어요. 힘든 상황을 애써 감추려는 듯 보였죠. 진짜 속마음이 어땠는지는 잘 모르겠으나, 어쨌든 마리옹은 늘 웃고 다녔어요. 나는 마리옹보다 다른 애들이 더 걱정스러웠어요. 진짜 문제가 심각했던 애들은 자살 기도도 여러 번 했으니까요. 정말 마리옹이 자살 시도를 할 줄은 추호도 생각지 못했어요. 아마 다른 애들도 그렇게 생각했을 거예요." 그 말은 새빨간 거짓말이었어. 수많은 휴대폰 문자들이 이를 증명해주었지. 어떤 애들은 네가 죽을 생각까지 하고 있다는 걸 알고 있었어.

하지만 그런 건 중요한 게 아니었어. 이 오로르라는 아이는 방어적인 태도를 취하면서 마치 무슨 일이 일어났는지 다 아는 것처럼 굴었어. 현장을 지켜본 사람처럼 말이지. 그러면서 어쩔 수 없이 침묵을 지키고 있는 듯이 행동하더구나. 카미유가 사건의 진상을 우리나 경찰한테 말하라고 했더니 한숨을 쉬면서 이렇게 말하더래. "여하튼 마리옹 부모님은 아직 애들 이름이나

이 얘기를 들을 마음의 준비가 안 돼 있어요." 대체 이런 엉터리 같은 말이 어디 있니?

심지어 오로르는 카미유한테 이런 말까지 했대. "경찰서에 가서도 말하고, 마리옹 부모님한테 가서도 전부 이야기하고 싶었어요. 그분들이 '진실'을 알고 싶어한다는 걸 아니까요. 그분들은 정말 진실이 궁금하시겠죠. 그런데 할머니께 말씀드렸더니 당분간은 아무한테도 말하지 말래요." 대체 왜, 무엇 때문에 말하지 말라는 걸까?

끝으로 오로르는 카미유한테 휴대폰 번호를 알려달라고 했대. 페이스북은 조심해야 되니까 그간 일어난 일들에 대해 전화로 말하고 싶다는 거야. 카미유는 통화 내용을 받아 적어 엄마한테 주었단다. 거기에 나온 네 얘기는 엄마가 긁어모은 자료들 가운데 가장 정확한 것이었어.

마리옹 네가 자살을 기도하기 이틀 전인 월요일 저녁, 너는 페이스북에 접속해서 나디아란 아이한테 "아무도 널 안 좋아해. 넌 재수 없는 범생이야"라는 메시지를 남겼다고 하더구나. 그리고 카미유는 우리한테 다음과 같은 내용을 알려줬어.

"마리옹 친구들이 이것 때문에 기분이 상해서 다음 날인 화요일에 마리옹한테서 등을 돌렸고, 마리옹은 친구 하나 없이 혼자 남게 되었대요. 체육 시간에 다미앵을 필두로 같은 반 아이들 여럿이 나디아한테 몰려가서 마리옹을 때려주라고 부추겼다네요. '절친'이었던 아이는 물론이고 그 누구도 마리옹 편에 서질 않았대요. 담임이었던 체육 선생님은 알고도 방관했고요. 그리고 점심때쯤, 마리옹은 이네스로부터 어떤 말을 들었대요. '마리옹 네가 메일리스를 욕했다고, 내가 메일리스한테 알려줬어.' 아마 마리옹은 메일리스에게 보복을 당할까봐 겁이 났을 거예요. 잠시 뒤 마리옹은 몸이 안 좋다며 조퇴를 했대요."

카미유는 우리에게 또다시 메시지를 보내주었어. 거기엔 좀 더 자세한 내용이 들어 있었단다. "점심시간에는 상황이 더 안 좋아졌다고 했어요. 마리옹이 조퇴한 뒤였기 때문에, 메일리스는 마리옹한테 전화해 '나랑 할 얘기가 있지 않느냐'는 식으로 말했대요. 이때 아이들이 또 한 번 떼거리로 달려들었는데, 체육 시간보다 훨씬 더 많은 아이들이 몰려와 달려들었대요. 마리옹과 친했던 애들까지 가담했었나 봐요. 그날 아침부터 이 아이들은 마리옹의 친구가 아닌 적이었어요. 오로르의 표현에 따르면 꽤 많은 아이들이 우르르 몰려들었다나 봐요. 아이들은 한 명씩 수화기에 입을 대고 수화기 건너편에 있는 마리옹에게 온갖 심한 욕을 다 퍼부었대요. '네 눈을 뽑아버릴 거야', '네 가죽을 벗겨버리겠어', '널 만나면 메일리스가 패죽일 거야' 같은 협박도 서슴지 않았대요. 이 모든 일들이 쉬는 시간과 점심시간에 벌어진 건데, 교내 감독관은 여전히 아무런 개입도 하지 않았대요."

또 카미유는 오로르로부터 이런 말도 들었다는구나. 집에 가는 길에 메일리스는 마리옹 너의 전화를 받았대. 너는 정말 자기를 때릴 거냐면서 걱정을 하더래. 메일리스는 너를 진정시켜주면서 두 번 다시 너와 말을 섞지 않겠다고 했다더구나. 너는 이네스인가 하는 2학년 아이한테도 전화를 걸었던 모양이야. 그 아이한테 전화해서 상황을 대충 설명했다나봐. 넌 같은 반 다른 아이들에게 전화를 걸었고, 쥘리아한테도 연락했지만 연락이 닿지는 않았어. 그런 뒤 누구인지 알 수 없는 아이들로부터 여러 통의 전화를 받았고, 다미앵은 너한테 죽여버리겠다는 협박까지 날렸지.

오로르가 우리한테 머뭇거리며 들려준 이야기는 여기까지야. 전화로 몰래 카미유한테 이 이야기를 전한 오로르는 전화를 끊으면서 "진작 모든 이야기를 말해주고 싶었는데, 학교에서 마리옹 부모님과 연락하지 말라고 했어요"라고 했다는구나.

학교 측은 학생들이 우리랑 연락하지 못하게 만반의 조치를 취하고 있었어. 정말 대체 뭣 때문에, 그리고 누굴 위해서 그런 조치를 취한 건지 모르겠어. 대체 학교는 무슨 법과 원칙을 적용해 이런 행동을 일삼은 걸까?

만일 경찰이나 법원이 우리 쪽과 학교 쪽이 서로 연락하지 못하게 막은 것이라면, 사전에 그런 사실이 우리 쪽에 통보되었을 거야. "마리옹 가족과 학부모 및 학생 등이 속한 학교는 서로 연락하지 마세요!" 이런 내용이 양쪽 모두에게 고지되었겠지, 안 그래? 우리는 학교 쪽 사람들과 거리를 두라는 명령을 전해 들은 적이 결단코 없었어.

이 같은 학교 측의 태도로 인해 우리는 더더욱 학교 관계자의 말을 신뢰할 수 없게 됐어. 학교를 원망하는 마음만 커져 갔지. 이따금씩 우리를 옥죄던 죄책감도 더욱 가중되었단다. 이 비극을 피하기 위해 우리가 할 수 있는 일이 아무것도 없었으니까. 앞으로 우리는 다른 가정이 우리와 똑같은 일을 겪지 않도록 뭐든 다 할 생각이야.

그러자면 사건의 진상을 제대로 알아야 해. 네 장례식이 있고 난 뒤 며칠 지나지 않아서 엄마는 옆집 정원에서 레오를 만났단다. 너희 반이었던 이 아이는 엄마를 보더니 등을 돌리더구나. 그 당시는 엄마도 화가 나서 제정신이 아니었던 시기였어. 더는 참지 못했던 엄마는 창문을 열고 그 아이에게 물어봤단다. "마리옹한테 무슨 일이 있었는지 아니? 뭐 아는 거 없어?"

레오의 대답은 간단했어. "아뇨, 없어요. 아주머니!" 그러고 나서 몇 분 뒤 누군가가 우리 집 대문을 두드렸어. 레오의 엄마와 양아버지였어. 레오는 우리 집 근처에 사는 이웃이었으니까.

두 사람은 네가 죽고 난 후 아무런 기색도 없다가 내가 자기네 아들한테 말을 걸자 득달같이 달려와서는 아이가 아무것도 모른다며 주지시켜주더구나. 레오 부모님과 잠시 이야기를 나눈 뒤 엄마는 네 묘지로 향했어. 그들과 헤어지려는 찰나 레오의 아빠가 엄마한테 이런 말을 하더구나. "괜한 루머에 휘말리지 마시고……, 경찰을 믿고 맡기세요." 엄마는 레오의 아빠한테 대체 무슨 루머를 말하는 것이냐고 물었어. 레오의 아빠는 대답을 피하더구나.

얼마 뒤 엄마는 클라리스를 데리고 한 생일 파티장에 갔었어. 너를 아는 한 엄마가 문제의 그 루머를 정확히 짚어주더구나. "루머가 보통 많은 게 아니에요. 마리옹이 나이든 남자랑 있는 걸 엄마한테 들켜서 자살했다는 이야기까지 떠돈다고요." 엄마는 너무 놀라서 되물었지. "나이 든 남자요? 그게 무슨 말이죠?" 화가 머리끝까지 치밀어 오르더구나. "말도 안 되는 소리 집어치워요. 내 딸을 욕보이지 말라고요!" 이 여자는 짐짓 엄마를 위하는 척하면서 한마디 덧붙이더구나. "혹시 다른 루머도 알고 싶으세요?"

아니요! 엄마는 그런 루머 따위는 알고 싶지도 않고, 사람들이 너를 욕보이는 것도 원하지 않아. 자고로 루머란 쉬쉬할 때 더욱 기승을 부리는 법인데, 학교가 사람들한테 입단속을 시키니까 이렇게 자꾸 더 이상한 소문이 나도는 거야. 이 사람들의 만행을 엄마가 어떻게 용서할 수 있겠니?

말도 안 되는 루머들은 그렇게 마리옹 네 이름을 더럽히고 있었단다. 마치 네가 죽어야 할 이유가 있어서 죽었다는 식으로 말이지. 무성한 허튼소리들은 우리 가족의 명예를 훼손했지. 특히 엄마가 요주의 대상이었어. 단서 하나라도 잡으려고 혈안이 되어 돌아다녔으니까. 어떤 사람들은 엄마 가슴에 비수를 날렸단다. 한번은 밥티스트가 다니는 유치원에서 근무하는 어떤 사람이 이런 얘기를 전해주더구나. 자기 옆집에 사는 한 여자가 마을에 이상한 말을 퍼뜨리고 다닌다는 거야. "그 여자 말이, 자기가 밥티스트의 어머님을 잘 안다더군요. 그러면서 마리옹이 자살한 건 당최 웃는 법이 없어서라고, 집에 들어가는 게 두려울 정도여서 그런 거라고 하더라고요." 세상에 마리옹, 오로르의 말처럼 넌 시종일관 얼굴에 미소를 띠고 있었는데, 이게 대체 무슨 소리니?

정말 별의별 소리가 다 들렸단다. 아빠가 널 때려서 네가 자살했다는 둥 사람들은 정말 아무 소리나 막 지껄이더구나. 네가 편지에 이름을 적어놓은 여자애 둘은 경찰서에 가서 "마리옹한테 문제가 있긴 있었어요. 얼마나 몸이 말랐는지, 거식증이 아닐까 의심할 정도였다니까요!"라는 소리까지 했단다. 기가 막혀 말이 안 나오더구나. 그런 생각을 했다면서 왜 몇 달 전에는 너한테 '뚱뚱하다'는 소리를 한 거지? 마리옹 너도 이런 헛소문을 들은 거니? 이런 소문들을 접한 뒤 더 이상 참을 수 없어 죽기로 결심한 거야? 이 조무래기 여자애들이 너한테 한 짓과 네 죽음은 아무런 관련이 없니? 그래?

또 다른 엄마는 교장이 했다는 말을 전해주더구나. 전화를 건 학부모들에게 교장은 "아닙니다. 마리옹의 자살은 학교 때문에 생긴 일이 아니에요. 마리옹에게는 집안 문제가 있었습니다. 마리옹은 학교 문제가 아니라 집안 문제로 죽었어요"라고 했다는구나. 대체 우리 집안에 무슨 문제가 있다는 거니?

숨어서 아무 말이나 내뱉는 사람들은 지금 자신이 얼마나 몹쓸 짓을 하고 있는지 아마 상상도 못 할 거야.

11_ 끝없는 죄책감

12

매정한 언론 매체들

"우리도 맘 좀 편히
살고 싶다!"

가십거리를 찾아 헤매는 언론 매체들은 무슨 소식이라도 들리면 득달같이 달려들어 우리 가족의 숨통을 조여왔지. 네가 떠난 뒤로 기자들이 정신없이 몰려와서 우리 가족을 덮치고는 끔찍한 소식만을 연일 쏟아내고 있었거든. 네가 학교에서 괴롭힘을 당하고 있었다는 사실도, 네가 편지 한 통을 남기고 떠났다는 사실도 우리는 일간지 《르 파리지앵》을 통해 알았단다. 지방 교육청에서 제일 높은 데 있다는 사람은 프랑스 3 방송에 출연해서 너와 우리 가족의 불행에 대해 인터뷰하더구나. 이 사실을 미리 우리 가족한테 알리지도 않았을뿐더러 네 장례식에 조문조차 안 온 작자란다.

은연중에 우리는 적대감을 품고 언론을 대하고 있었어. 새로운 소식을 접해도 그들은 우리한테 알려주지 않더구나. 그들의 관심은 오로지 뉴스를 발 빠르게 내보내는 거였어. 우리는 아무것도 모르는 상태에서 네 이야기를 뉴스로 접했지. 우리는 네 유서와 관련된 보도를 접한 뒤에 연락 좀 달라고 부탁했음에도 묵묵부답이었던 그 여기자도 미웠고, 우리 입장은 알려 하지도 않으면서 학교 당국이 하는 말만 내보낸 텔레비전도 마음에 안 들기는 마찬가지였어.

그러면서도 언론은 기삿거리 하나를 빼내려고 호시탐탐 우리 주위를 맴돌았지. 우리의 뒤를 쫓고, 이기적인 부탁으로 우리를 괴롭혔어. 유명세라는 게 뭔지, 이번에 정말 톡톡히 알게 됐단다. 매일같이 기자들에게 쫓기는 사람들의 일상이 어떨지도 쉽게 상상이 갔어. 사생활을 침해당하고 모욕을 받은 느낌이더구나. 아무리 대중에게 노출되는 직업을 선택했다고 하더라도 아이스크림 하나 먹을 권리는 있어야 하는 거 아니니? 대중에게 공개된 사람도 구석에서 눈물 흘릴 자유는 보장해줘야 하는 거 아닐까? 물론 어떤 사람들은 카메라에 노출되길 원하는 경우도 있더라만 우리는 아니었어.

네가 세상을 떠나고 4개월이 지난 뒤, 우리의 인터뷰 기사가 2013년 6월 28일자 《르 피가로》에 실렸단다. 법원 쪽은 여전히 조용했어. 달라진 게 아무것도 없었으니까. 우리도 가만히 입 다물고 있을 이유가 전혀 없었지. 이번엔 우리가 나서서 기자들을

12 _ 매정한 언론 매체들

이용해보기로 했어. 언론에서는 늘 미주알고주알 캐며 뭔가 새로운 일이 없는지 알고 싶어했고, 우리는 네 사건이 잊히는 걸 원치 않았지. 그래서 2013년 5월 13일, 우리는 추가로 고소를 제기했단다.

《르 피가로》에 실린 기사로 인해 두 가지 변화가 생겼어. 그 첫 번째는 검찰의 행동이 달라졌다는 거야. 검사는 몇 주 내로 우리를 다시 불러 사건을 조사하기로 했어. 그게 앞서 이야기했던 7월 초의 미팅이란다. 학교 측의 대처도 달라졌는데, 나중에 알게 된 사실이지만 초여름 무렵에 교장이 교육부에 도움을 요청했다더구나. "중상모략을 일삼는 사람으로부터 학교를 지켜줄 법적 지원이 필요합니다." 어떻게 학부모를 '중상모략가'로 여길 수 있을까? 물론 교장한테 화를 낸 건 사실이야. 엄마로서 자기 딸아이를 앗아간 진상이 무엇인지, 그 주모자는 누구인지 알려고 하는 게 잘못이니? 그게 그렇게 큰 죄가 되냐고?

그즈음 엄마는 프랑스 3 방송과 짤막한 인터뷰를 진행했었는데, 이 인터뷰는 7월 2일 오후 1시 뉴스에 이어 저녁 7~8시 뉴스에도 나왔단다. 바로 이 시기에 엄마는 페이스북을 뒤지고 돌아다니다가 너희 학교 아이들이 남긴 유치한 뒷담화를 봤단다. 순간 화가 머리끝까지 솟구치더구나. 그 글들은 대략 이런 내용이었어. "짜증나, 망할 기자들이 또 시작했어. 엿 같은 방학을 보내게 생겼군. 저 사람들이 또 고소를 하면 우리는 또다시 심문을 당할 거 아냐? 우리도 좀 맘 편히 살고 싶다." 네가 떠나고 4개월 만에 겨우 두 번째 관련 기사가 나갔을 뿐이고, 우리가 방송 인터뷰를 한 건 이때가 처음이었단다. 그런데 이번에는 반대로 기자들이 사람들에게 쫓기기 시작했지.

며칠 만에 한 여자아이가 페이스북상에서 유감을 표하더구나. 마리옹 너나 우리에 대한 동정이 아니었어. 이 여자애는 자기 친구들을 동정하면서 하나로 똘똘 뭉치자고 호소했어. 정말 기가 막히더구나. 엄마 말을 믿어주던 기자들이나 자신들을 난처하게 만든 기자들에게 몰려가서 야유하는 아이들도 있었고, 네가 자살한 건 자기네들 탓이 아니라며 하소연하는 애들도 있었지. 자기들이 할 수 있는 건 아무것도 없었다고, 그 상황에서 달리 할 수 있는 일이 없었다고 호소하더구나. 그리고 정말 무슨 일이 있었던 건지 자기들도 궁금하다고 했어. 그러면서도 진실을 알려 하지는 않았지.

그로부터 4개월이 지난 2013년 11월 13일, 우리 측 변호사가 고소장을 제출했단다. 손해배상까지 함께 청구했지. 언론은 확실히 발 빠르게 움직이는 분위기였어. 우리는 주간지 〈르 누벨 옵세르바퇴르(Le Nouvel Observateur)〉 측과 인터뷰를 진행했단다. 여기자는 꽤 진지하게 우리를 취재했는데, 11월 14일자 잡지에 우리 기사를 아주 길게 내보내주었지. 거기에는 네가 남긴 편지도 함께 실렸어. 아이들 이름은 지운 채로 말이야. 그러자 사람들은 우리가 왜 그렇게 분개했는지 이해하는 눈치였어. 우리에게 날을 세우는 학교 측과의 외로운 싸움에 대해서도 이해해주었지.

기자들의 인터뷰 요청이 쇄도했단다. 유럽 1(Europe 1) 라디오 방송국의 토마 사토(Thomas Satto) 기자가 진행하는 프로그램에 출연한 뒤로 텔레비전 방송국도 인터뷰를 요청해왔어. 우리는 뉴스 전문 채널인 BFM-TV와 프랑스 2(France 2), M6 세 곳과 인터뷰를 진행했지. 애초 유럽 1 라디오 방송국의 진행자는 엄마와의 인터뷰가 약 6분 정도 나갈 거라고 했는데, 실제로는 13분 동안 전파를 탔어. 생방송임에도 불구하고 엄마의 이야기를 중간에 끊지 않더구나. 진행자의 배려에 정말 큰 감동을 받았단다. 우리는 네 이야기 외에 보다 일반적인 문제들도 함께 거론했단다. 학교에서의 폭력 문제와 인터넷상에서의 괴롭힘 문제를 해결해야 한다고 호소했거든.

열흘 뒤 교육부는 학교 폭력과 인터넷상에서의 괴롭힘 등을 예방하는 캠페인을 벌이겠다고 발표했어. 그러자 수많은 언론들이 우리를 인터뷰하겠다고 나서더구나. 학교 내 집단 괴롭힘으로 고통받던 아이들의 부모와 관련 단체들도 발 빠르게 연락해왔어. 우리 쪽 변호사에게 '좀 만나볼 수 없겠느냐'고 했대. 우리는 이쯤에서 그만하기로 했단다. 그렇게 수많은 인터뷰 요청을 거절했음에도 사람들은 우리가 네 이야기로 유명세를 탄다며 비난을 하더구나. 같은 동네 주민인 어떤 여자는 우리가 언론사에 돈이라도 뿌린 것처럼 말하면서 짐짓 걱정하는 체하더구나. "그렇게 하시려면 돈도 많이 들겠죠? 큰돈이 들어가는 일은 아니었으면 좋겠네요."

사람들은 갑자기 왜 언론에서 이 난리를 치는지 궁금해 했어. 좋은 게 좋은 거라며 모든 걸 조용히 덮고 넘기려던 사람들은 2013년 프랑스에서 한 아이가 개념 없는 또래 아이들에게 집단으로 놀림을 당하고 욕을 듣고 온갖 괴롭힘을 당하면서 수모를 겪을 때, 자살 말고 다른 방법을 찾아줘야 할 필요성에 대해 이해하지를 못했어.

우리 쪽 변호사는 파리 지검에 새롭게 고소를 제기했단다. 네 사건에 사이버 폭력과 관련된 부분이 포함돼 있었고, 따라서 파리 지역으로의 안건 이전을 요청할 수 있었단다. 파리 지검은 공판개시 모두(冒頭) 논고 구형*을 결정했어. 엄마가 이 글을 쓰

• 예심 판사가 검사의 모두 논고 내용 안에서만 사실 관계를 판단하여 판결을 내리는 방식. 모두 논고에 기재되지 않은 새로운 사실이 확인될 경우, 예심 판사는 즉각 검사에게 이를 확인시켜주는 증빙 자료를 알려주어야 한다. 따라서 검사는 예심 판사에게 새로운 사실에 대한 정보 확인을 요청할 수 있으며, 이 경우 검사는 추가 논고를 작성하여 예심 판사에게 송부한다. – 옮긴이

고 있는 지금, 네 사건은 한 예심 판사가 검토하고 있단다. 이 분은 기꺼이 시간을 내어 우리 이야기를 다 들어주셨고, 원고와 피고 측 상황을 세심히 살펴보겠다고 하셨지. 우리는 판사님이 보여준 완벽하게 균형 잡힌 태도와 강직한 면모가 무척이나 마음에 들었단다.

그로부터 얼마 지나지 않아 우리 집 우편함에 익명의 편지한 통이 배달되었어. 2013년 11월 18일 소인이 찍힌 편지 사본이 들어 있더구나. 이 편지는 너희 학교 교장이 뱅상 페용 교육부 장관과 교육청에 보낸 것이었어. 교장은 엄마가 '방송 출연 욕심'으로 학내 괴롭힘 문제라는 민감한 사안을 이용하고 있다고 했어. 한마디로 언론 타는 걸 즐긴다는 거였지. 그래, 교장은 엄마를 방송 출연이나 갈망하는 관심병 환자로 여기고 있었던 거야. 엄마를 경멸하는 의미로 사용한 단어라면 정말 유감이 아닐 수 없구나. 확실히 교장은 우리가 잠자코 있으면서 자중하길 바랐던 거야.

교장의 편지에서는 교직원들을 위한다는 명목 하에 교사 및 학교 간부를 위한 심리 상담반을 설치해달라는 요구도 있더구나. 교장은 내가 사람들을 '괴롭히고 다니면서' 정보를 캐냈다고 주장했어. 감히 엄마한테 그런 표현까지 남발한 교장은 엄마가 또 다시 언론에서 공개적으로 학교 문제를 거론하면 자신을 비롯한 전체 교직원들은 더는 참지 않을 것이라고 써두었더구나. 그러면서 교육부 장관에게 내 질문에 일일이 답변해주지 말라는 부탁까지 했어. 교육부 장관이 엄마의 입을 틀어막아야 하는 이유들을 하나하나 열거해두고 있었지.

네가 떠나던 날 저녁에 교장이 교직원 전체에게 보냈다는 이 유명한 이메일은 이미 다른 익명의 제보자를 통해 받아본 적이 있었어. 거기에서 교장은 교사 및 학교 간부들에게 우리 가족과 일절 접촉하지 말라는 당부를 했더랬지.

뿐만 아니라 우편함에는 네가 아직 살아 있을 때 이루어진 총회 보고서도 들어 있었어. 이 날 회의 자리에서 학습지도 교사는 무례한 행동을 하는 아이들이 너무 많이 늘어난 데다 학내 규율 문제도 심각해졌다고 불만을 호소했대. 그리고 "3학년 C반 모두의 잘못이라 볼 수는 없지 않으냐"고 소리쳤다는구나. 이 선생님의 지적을 보면 학급 분위기가 엉망인 걸로는 너희 반이 단연 최고였음을 알 수 있지.

우리가 집을 비웠을 때 누군가가 우편함에 넣어두고 간 것이라 편지가 도착한 시간이 낮인지 밤인지는 알 수 없었어. 그래도 이 익명의 편지 덕분에 우리는 용기를 얻었단다. 이건 우리를 지지하는 누군가가 몰래 와서 편지를 넣어두고 갔다는 뜻이잖아. 물론 우리를 돕고 싶은데 뭔가로 인해 선뜻 나서지 못한

12 _ 매정한 언론 매체들

다는 의미도 되지. 엄마는 소송이 좀 더 빨리 진행될 수 있게끔 도와주는 이 서류들을 손에 넣은 것에 만족했단다. 벼랑 끝에 몰린 딸이 세상을 떠나 슬픔에 잠긴 한 가족을 위해 당당히 지지 의사를 밝히며 자기 이름으로 증언해줄 사람이 아무도 없다는 현실이 안타깝긴 했지.

사람들은 왜 학부모 단체 측에서 우리를 적극적으로 지지하지 않는지 궁금해 했어. 그 이유는 단순해. 가해 학생의 학부모를 포함해 모든 학부모들은 자기 자식 지키느라 여념이 없었단다. 엄마는 학부모 위원회 연합 대표로 선출된 한 엄마에게 연락을 해서 우리를 도와줄 만한 정보가 있는지 물었어. 그랬더니 그 엄마 대답이 뭐였는지 아니? "학부모 위원회 연합은 학교 측에서 나온 그 어떤 정보도 외부에 유출하지 말 것을 모든 학부모 대표들에게 권고했습니다."

모두들 그렇게 똘똘 뭉쳐서 프레스 가족에게 맞서는 중이었고, 그 누구도 입을 열려 하지 않았어. 심지어 학교에서 업무를 보는 여직원들조차 말하기를 꺼렸지. 나중에 알게 된 사실인데, 2013년 11월 교장은 청소부에서 각급 간부들에 이르기까지 학교에 있는 모든 직원들을 불러 모은 뒤 폐용 장관에게 보내는 편지에 서명하도록 요청했대. 엄마에 대해 나쁘게 말한 그 편지 말이야. 교사들도 물론 해당되었는데, 일부 선생님들은 나오지 않았다고 하더구나. 자리에만 참석하고 서명하지 않은 선생님들도 있었대. 그런데도 교장은 결국 '교직원 일동'이란 이름으로 이 편지를 폐용 장관에게 보냈어.

엄마 친구들은 학생들 가운데 그 누구도 우리한테 와서 애도를 표한 아이가 없다는 게 너무도 놀랍다고 했어. 마리옹, 이 글을 결코 읽을 리 없는 너에게 충격을 주려는 의도는 아니지만 이 아이들은 너의 죽음에도 전혀 개의치 않은 것 같더구나.

페이스북에서 엄마가 받은 인상이 그랬어. 네가 떠나고 불과 사흘도 안 되어 아이들은 이미 시시덕거리며 즐거워하고 있었으니까. 아이들은 탈의실 앞에서 찍은 셀카 사진도 잔뜩 올려놓았는데, 그곳은 네가 고통 받던 장소들 중 하나였지.

그뿐인 줄 아니? 학급 사진을 올려놓고는 정말 기도 안 차는 코멘트를 달아놓았더구나. "너희들과 함께한 올해는 정말 최고의 한 해였어!" 그래, 어쩌면 이 아이들은 네 사건으로 충격을 받았음에도 불구하고 애써 아닌 척 더 밝게 지내는 것인지도 몰라. 자신들의 고통과 불안감을 감추려는 시도일 수도 있지. 하지만 엄마 입장에서는 그 애들의 행동이 이해되지 않았어. 그 애들 중에서 엄마한테 따뜻한 말 한마디 건넨 아이가 없다는 게 정말 이상하지 않니?

사람들의 현실 부정은 비단 일부 학생들한테만 나타나는 현상은 아니었어. 전체적으로 다 그랬어. 너희 반 아이들은 물론 학부모와 학교 관계자 모두가 현실을 외면하는 듯했지. 유명 출판사 여러 곳에서 출판 제안이 들어왔단다. 네 이야기를 한번 책으로 써보면 어떻겠느냐는 거지. 클라리스 코엔(Clarisse Cohen)의 따뜻한 편지를 받았을 때에는 엄마도 마음이 움직였단다. 아빠랑 나는 무언가 증언록을 남겨야겠다고 결심했어. 너를 위해서, 그리고 다른 사람들을 위해서라도.

물론 로맹이나 라파엘처럼 일부 아이들은 여전히 너를 잊지 못했어. 라파엘의 엄마는 우리한테 문자로나마 너의 죽음을 애도해준 유일한 사람이었지. 뿐만 아니라 너에 대한 기억을 되살리기 위해 움직이는 아이들도 더러 있었어. 네가 떠나고 난 뒤 얼마 지나지 않아 페이스북상에는 너를 추모하는 게시판이 개설되기도 했단다. 앞서 말한 적이 있는 '마리옹 프레스를 추모하며'라는 이름으로, 페이스북에 만들어놓았더구나. 비슷한 시기에 다른 두 개의 인터넷 게시판이 더 개설되었는데, '너무 일찍 세상을 떠난 천사 마리옹(Marion un ange parti beaucoup trop vite)'과 '우리 모두가 사랑하는 마리옹의 명복을 빌며(RIP à Marion qu'on aime tous)'라는 제목의 게시판이었지. 단체로 너를 추모하던 인터넷 게시판들은 지금은 모두 폐쇄돼 없어졌단다. 네 번째 추모 게시판은 2013년 8월 31일에 만들어졌는데, '마리옹 프레스를 기리며(En hommage à Marion Fraisse)'라는 제목의 페이스북 페이지였지. 그로부터 1년 뒤인 2014년 9월에는 해당 페이지 역시 없어졌어. 1,700명도 넘는 사람들이 '좋아요'를 눌러준 페이지 계정이었어.

우리는 전혀 부추기지 않았어. 이런 온라인 페이지나 포럼 게시판들은 우리도 모르는 사이에 만들어진 것들이었지. 이 소식을 전해 듣고 우리는 감동과 위로를 받았단다.

2014년 9월까지 살아 있던 네 번째 페이스북 페이지는 한 여학생이 익명으로 개설했는데, 이게 특히 기억에 많이 남아. 네 자살 이후 학교가 자체적으로 회의를 소집해 네 문제에 대해 논의한 것 같지는 않았는데, 수많은 학생들이 그곳에 와서 진심으로 너를 기리고 슬픔을 표현해주었어. 아이들로서는 슬픔을 해소할 수 있는 유용한 배출구가 되었고, 그래서 우리도 이 페이지 계정에 반대하지 않았단다. 이 페이지를 개설한 여학생은 네가 참고 견디며 살아야 했던 그 고통에 대해 잘 알고 있었어. 이 아이 또한 친구들로부터 괴롭힘을 받았으니까. 페이스북에 적어놓은 내용에 따르면 이 아이는 '뚱보'에 '못난이' 취급을 당하고, '쓰레기'라 불렸다고 하더구나.

한번은 이 아이가 "나는 너희들이 어떻게 거울 속 자기 모습을 똑바로 쳐다볼 수 있는 건지 모르겠어"라고 써놓았더구나.

12 _ 매정한 언론 매체들

몹시 화가 난 말투였어. 또 얼마 뒤에는 "이제 우리 숫자가 괴롭히는 녀석들 숫자보다 훨씬 더 많아졌다"며 좋아하기도 했어. 별것도 아닌 페이스북 페이지에 접속해 '좋아요'를 누른 사람들 수가 1,672명이나 됐으니까. 새로운 글도 기껏해야 2주에 한 번 올라올 뿐이었고, 내용도 두세 문장 정도 되는 코멘트나 짧은 시 정도가 전부였는데, 많은 사람들이 찾아와서 '좋아요'를 눌러줬단다.

이 페이지 계정을 운영하는 여학생은 정말 용기 있는 아이였어. 자신을 괴롭히는 아이들에게 맞서 당당히 의견을 밝히더구나. '자살'이라는 주제를 공론화시키기도 했어. 2013년 당시 고작 열두 살, 열세 살 정도밖에 안 됐을 이 아이는 여러 가지 소소한 주제들로 논의를 이끌어갔단다. 대단한 방송국 토론 프로그램도 아니었는데, 정말 흥미진진하더구나. 다른 청소년기 아이들이 자신들이 처한 현실세계에 관심을 갖고, 스스로 문제를 제기하도록 부추겼으니까.

이 아이가 익명으로 활동한 이유는 괜히 일이 복잡해지거나 주위의 압박을 받고 싶지 않아서였을 거야. 그래선지 어떤 글들은 비공개로 전환해 두었더구나. 엄마 생각에는 이 아이가 개인적으로 다른 애들한테 비난을 받기도 했던 것 같아. 학교 안에서 아이들을 괴롭히는 가해 학생들을 공격할 경우, 그 대가로 괜한 구설수에 오르거나 욕을 먹는 위험이 뒤따르니까 말이야. 하지만 그 뒤에도 이 아이는 자신에 대한 보복을 두려워하지 않고 계속해서 용기를 내어 활동했단다. 이 아이는 프랑스의 모든 네티즌들이 자신을 지지해주고 있다는 사실을 알고 있었어. 특히 그 애 말에 동감하며 용기를 북돋워주는 어른들도 많았어. "나도 알아. 나도 당했으니까." "이제는 다 큰 어른이지만 이게 어떤 상황인지는 잘 알지. 이 얘기를 들으니 그때의 고통이 아직도 생생하게 떠오르네." 어떤 엄마 아빠들은 자신의 아들딸도 같은 상황을 겪고 있다며, 그 이야기를 남겨놓았어.

그 페이스북 페이지는 일종의 커뮤니티 같았어. 운영자는 네 사진 한 장과 네가 남긴 편지를 올리고, 네 자살 사건을 다룬 언론 기사들을 스크랩해두었지. 교내 폭력과 관련된 사이트들도 링크를 달아놓고, 노래도 포스팅을 해두었단다. 그 아이는 학내 괴롭힘에 시달리며 죽음의 문턱에 이른 아이들 모두에게 애도의 메시지를 전했어.

한 소녀가 만든 이 이름 없는 페이지 계정에 '좋아요'를 눌러준 사람이 무려 1,672명이라는 건 우리가 상황을 변화시킬 가능성을 입증해주는 것이자, 아직은 우리가 진 게 아니라는 사실을 의미하고 있었단다.

13
학교 밖으로 끄집어낸 이야기

"지금부터는
엄마의 싸움이야!"

가수 Keen'V가 부른 〈귀여운 에밀리(Petite Émilie)〉*라는 노래 알지? 2012년, 네가 떠나기 몇 달 전에 나온 노래잖아. 엄마한테 이 노래는 딱 네 얘기나 다름없단다. 너를 닮은 귀여운 여자아이에 관한 노래였으니까.

"너무도 착하고, 너무도 예쁘고, 매혹적인 눈빛의 에밀리는 엄마에게 무척이나 소중한 존재였지."

그다음 대목에서는 마치 엄마가 널 얼마나 사랑하는지에 대해 이 가수가 대신 노래해주고 있는 것 같았어. "둘 중 어느 한쪽이 없으면 두 사람은 살 수가 없어. 둘의 관계는 하나로 합쳐진 것보다 더 단단히 묶여 있지."

• Keen'V, 〈귀여운 에밀리(Petite Émilie)〉, 《인생은 아름다워(La vie est belle)》 앨범(Yaz, Universal, 2012)에 수록.

처음에 에밀리는 여섯 살 반이었단다. 모든 게 아무 문제없이 순조로웠지. 이후 에밀리는 새로운 학교에 들어가고, 새로운 삶을 살게 돼. 여덟 살까지도 에밀리의 삶에는 아무런 문제가 없었어. 열 살이 되었을 때, 에밀리는 처음으로 야유라는 걸 받게 되지. 공부 잘하는 우등생인 데다 '귀여운 두 빰을 가진 아이'였던 에밀리를 두고 아이들은 '먹보'라며 놀렸으니까. 심지어 선생님 앞에서도 아이들은 조롱을 멈추지 않았지.

열두 살이 되어 중학교에 들어갔을 때, 아이들은 에밀리를 비웃었어. '반 아이들 사이에서 놀림감'이 된 에밀리는 엄마가 충격을 받을까봐 이 모든 일들을 감추기로 했어. '입을 다물기로 결심'한 거지.

어느 날 저녁, 아이들은 도를 넘어서는 지경에 이르렀어. 네 경우와 마찬가지로, '에밀리에겐 이 모든 일이 너무도 가혹'했어. 그래서 결국 "에밀리는 날개를 펴고 하늘을 날아 평온한 삶을 찾아갔어."

엄마 주위의 몇몇 학부모들은 이 곡이 쉬는 시간에 흘러나왔다는 사실에 경악을 금치 못했어. 네가 세상을 떠난 2013년 2월에도 그룹 인도차이나(Indochine)의 〈칼리지 보이(College Boy)〉 뮤직비디오 때문에 말들이 많았거든. 이 뮤직비디오는 같은 반 친구들에게 놀림을 당하고 얻어맞으며 온갖 수모를 겪던 10대 소

13 _ 학교 밖으로 끄집어낸 이야기

년이 결국 죽음에 이른다는, 아주 충격적인 내용을 담고 있었어. 시청각 위원회*가 뮤직비디오의 내용과 관련하여 문제를 제기하자, 노래를 부른 니콜라 시르키스(Nicolas Sirkis)는 이 뮤직비디오가 동성애의 경우처럼 '다르다'는 이유로 한 학생을 괴롭히던 세태를 비판하는 내용을 담고 있다고 해명했어. 시청각 위원회의 프랑수아즈 라보르드(Françoise Laborde) 위원은 그런 식의 영상을 보여주는 것으로 학내 폭력 문제를 해결할 수 없다고 반박했지. 정말 끝없는 논쟁이 아닐 수 없단다.

하지만 엄마는 이 노래들을 만든 사람들 의견에 찬성하는 입장이야. 엄마 생각에는 사람들의 경각심을 고취시키기 위한 그 어떤 캠페인보다도 이런 노래들이 더 효과가 있는 것 같아. 뮤직비디오의 충격적인 영상을 통해 학교 안 문제가 얼마나 심각한지 확실하게 각인시켜주었으니까. 적어도 뮤직비디오에서 말하고자 하는 메시지는 사람들에게 전달되었잖아. 또 영상을 접한 사람들 모두가 내용에 대해 말하게 되었잖아. 교내 폭력 예방을 위한 홍보 영상들은 잘 만들어지긴 했지만 인터넷에서 일부러 찾아봐야 하는 수고로움이 뒤따르지.

반면 뮤직비디오는 아이들한테 잘 먹히는 데다 접하기도 쉽

• 프랑스의 방송통신위원회. – 옮긴이

고, 무엇보다 아이들 사이에서 화젯거리가 될 수 있어 효과적인 것 같아.

물론 〈귀여운 에밀리〉라는 노래가 심약한 청소년기 아이들에게 잘못된 생각을 심어줄 수도 있어. 그래서 어떤 사람들은 노랫말을 통해 아이들이 '지옥에서 벗어날 수 있는 유일한 길은 자살'이라는 생각을 가질 수도 있다고 지적해.

하지만 엄마의 입장은 달라. 이 노래가 엄마에겐 이렇게 들린단다. "지금 학교에서 어떤 일이 일어날 수 있는지 잘 봐. 다른 친구들에게 못된 짓을 해서는 안 돼. 그렇지 않으면 끝이 정말 안 좋게 끝날 수도 있어. 이런 폭력적인 현장을 지켜본다면 절대 외면하지 말고, 즉각 대처하렴." 엄마는 이 노래들이 나름 충격적 요법을 쓰고 있다고 생각해.

학교든 집이든 이 문제에 관한 논의의 불씨를 지필 수 있는 것이라면 뭐든 다 의미 있다는 게 엄마의 생각이야. 교육부의 홍보 영상은 표현이 너무 완곡해. 아이들 입장에서는 마치 학습 자료를 보는 것처럼 밋밋하게 느껴질 거야.

교육부 영상은 마리옹 너도 본 적 있지? 네가 중학생이 되었을 때, 우린 인터넷에서 이 영상을 찾아 함께 봤어. 그런 다음 함께 이야기도 나누었잖아, 기억하지? 그때만 해도 넌 괴롭힘을 당하는 입장을 이해해지 못했어. 경험해보지 않았으니까. 단 한 번도 희생자가 돼본 적이 없었던 너는 그저 남의 일을 지켜보는 듯한 반응이었어. 사람들이 왜 장애인과 흑인을 괴롭히는지, 빨강 머리와 뚱뚱한 아이들을 왜 못살게 구는지 전혀 이해하지 못했어. 더군다나 너는 눈앞에서 이런 꼴을 당하고 있는데도 누구하나 도와주지 않는 상황을 더더욱 이해할 수 없다고 했지.

그때 엄마는 너한테 단단히 일러두었어. "만일 네게 무슨 일이라도 생기면 반드시 우리한테 말해줘야 해." 중학교 1학년과 2학년 때는 엄마와의 약속을 잘 지켰어. 무슨 문제가 생기면 우리한테 달려와 꼭 이야기해줬었지. 하지만 중학교 3학년 때는 아무 말도 없었어. 너로선 너무도 감당하기 힘든 일들이라 차마 우리에게 털어놓지도 못한 거니?

참, 3학년 때도 네가 엄마를 찾아온 적이 있었구나. 어느 날 넌 "1학년 학생 중에 몸이 좀 불편한 장애인이 있는데, 다른 애들이 다리를 걸어 넘어뜨리고는 깔깔 웃으며 좋아했어"라고 했지. 그러고는 그 사실을 그 애 엄마한테 대신 전해달라고 부탁했어. "한두 번은 내가 일으켜주기도 했었는데, 계속 이대로 두는 건 아닌 것 같아. 다시는 이런 일이 일어나지 않도록 그 애 엄마한테 말 좀 전해줘." 마리옹, 넌 그런 아이였어. 언제든 남에게 손을 내밀어주는 아이…….

너는 학교에서 괴롭힘을 당하는 아이들 얘기를 하면서 분개

할 때가 많았어. "애들이 다 한 애를 가지고 놀려. 코며 입이며 트집을 잡아서 놀리고 괴롭히는데, 정말 못 봐주겠어." "어떤 여자애는 만날 뚱뚱하다고 놀림 받아. 걔가 체격이 좋긴 한데, 그게 놀림 받을 이유는 아니잖아." 너는 이 아이들을 지켜주려고 했었어. 그 얘기를 들으면서 엄마는 네가 누군가의 도움을 받아야 할 입장이 되리라곤 꿈에도 생각 못했어.

마리옹 넌 혼자가 아냐! 도움의 손길이 필요한 학생도 너 혼자가 아니었어. 부르그-생-모리스(Bourg-Saint-Maurice)에도 너와 같은 이유로 목숨을 끊은 남학생이 있었단다. 이 아이는 너보다 일주일 앞서 세상을 떠났지. 이 아이의 경우, 인터넷 자살 사이트를 조회하지는 않았단다. 학교 친구들과 말다툼을 벌이다가 집에 돌아와서는 너랑 똑같은 방식으로 자살을 기도했어. 반에서 아이가 어떤 식으로 괴롭힘을 당하고 있는지 알게 된 그 애 부모님은 아이를 전학시킬 생각이셨대. 그렇게 하면 아이를 구할 수 있을 거라 믿으셨고.

또 다른 남학생 하나는 부모님 코앞에서 자살을 시도했어. 자식이라고는 그 애 하나뿐이라던데, 그 부모님 심정이 어떻겠니? 열일곱 살짜리 한 여학생도 목매달고 죽었어. 다들 하나같이 자살 방식으로 목매다는 걸 선택했어. 엽총을 쏴서 자살한 여학생도 있긴 했으나, 자살 방법을 보면 하나같이 과격한 방식을 사용했더구나. 마치 자기가 당한 폭력을 증명하려는 듯 보였어. 폭력에 폭력으로 대응하는 것 같았지. 약 먹고 자는 듯이 죽을 수도 있었을 텐데, 아이들은 하나같이 충격적인 방식을 사용했어. 2분 만에 모든 게 끝나버리는 극단적인 방법을 사용한 거야.

이 같은 자살 기도 방식은 하루빨리 현실로부터 벗어나고자 했던 아이들의 의지가 반영된 거야. 불난 집에 갇혀 있던 아이가 어서 빨리 벗어나려고 창문으로 뛰어내리는 것과 똑같아. 집단 괴롭힘은 견딜 수 없는 상처를 안겨주었고, 괴롭힘에 시달리던 네 머리는 결국 폭발하고 말았지. 너무 힘드니까 더 이상 학교에 가고 싶지 않았던 거야.

레위니옹 섬에서는 열네 살짜리 아이가 5층 건물에서 뛰어내려 자살한 사건도 있었단다. 레위니옹 도의회 의장은 엄마한테 편지를 보내, 자신이 받은 충격을 이야기했단다. "같은 엄마라서 그런지 남의 일처럼 느껴지지 않아요"라고 하더구나. 이 도의회 의장은 당시 교육부 수장이었던 뱅상 페용 장관에게 자기 의견을 피력하기도 했어. 아동인권 선언문이 채택된 11월 20일은 UN이 정한 '세계 어린이날'로, 이날 레위니옹 도의회 의장은 엄마한테 전화를 걸어 '모두가 마리옹의 평온한 안식을 기원하고 있다'고 하더구나. 수업 시산에 네 사례를 나누면서 다 같이 토론을 벌이기도 했었대. 너희 학교에서 진작 해줬어야 할 일들을 우리 집에서 수천 킬로미터 떨어진 레위니옹 섬에서 해주고 있으니, 씁쓸하구나.

아직도 교내 괴롭힘 문제를 그저 아이들 장난 정도로 치부하는 어른들이 많아. 이건 정말 무책임한 행동이란다. 심한 경우, 쉬는 시간에 애들끼리 치고받는 일상적인 몸싸움 수준이 아닐 수도 있어. 대개는 다수의 무리가 한 명을 공격하는 경우가 많고, 다른 아이들은 귀를 막아버린 채 고개를 돌리기 일쑤지. 또래 친구들에게 괴롭힘을 당한 피해 학생들은 침묵 속에서 점점 숨이 막힐 지경에 이르게 돼. 괴롭히는 아이들 무리의 원칙은 간단해. "어디 가서 이르면 넌 고자질쟁이가 되는 거야!"라는 것이지. 하는 짓만 봐서는 조폭이라고 해도 믿겠지?

피해 학생들은 점점 입을 닫아버리게 돼. 설령 용기를 내어 입을 열어본들 뾰족한 해결책은 없어. 돌아오는 건 집단 따돌림 뿐이지. 가해자 무리는 점점 불어나고, 그러면서 자기네들은 아무 잘못 없다는 듯 행동해. 그 집단에 속해 있는 한 자신은 보호받을 수 있다고 느끼는 거지. 가해 학생들과 어울려 다니는 한 자신에게 별 피해는 없을 거라고 생각하는 거지.

그렇게 가혹 행위에 모두가 동참하면서 일심동체가 된 가해자 무리는 힘을 얻는단다. 이 아이들은 학교의 후미진 곳으로 사냥감을 몰아가고, 심지어 상대 아이의 사생활은 물론 아이 방의 침대까지 점령해버리고 말아. 그놈의 SNS 때문에 이젠 숨을 곳도 마땅치 않게 되었어. 학교 안 집단 폭행은 절대 스스로 멈추는 법이 없어. 절대로!

가해자 무리 중 한 명이 슬슬 지겨워질 때면 다른 아이가 그 뒤를 잇게 마련이야. 가해자 무리는 한두 명이 아니라 두 명, 네 명 혹은 그 이상의 집단으로 이루어져 있으니까. 아이들 여럿에게 구박을 당하던 너는 수치심을 느꼈을 거야. 매 맞는 여성이나 학대 아동처럼 그 지옥 같은 상황이 지나가기만을 기다리면서 순순히 굴욕을 감내하고 모든 죄를 뒤집어썼겠지. "그래, 다 내 잘못이야. 소금을 늦게 가져온 내가 문제야. 그러니까 나는 벌 받아 마땅해." 이런 식으로 말이야.

사람들은 매 맞는 여성들에게 왜 진작 남편 곁을 안 떠났느냐고, 왜 아무 도움도 요청하지 않았느냐고 질책하지만 그건 실상을 몰라서 하는 말이란다. 그리 간단히 해결될 문제가 아니야. 여자 입장에서 한 남자를, 혼자인 상황에서 다수의 무리를 상대해야 하는 일이기 때문이지. 그래도 욕먹고 있는 상황에서는 아직 무리 안에 속해 있다고 볼 수 있어. 해로운 인간관계이긴 하나, 어쨌든 다른 사람들과 이어져 있는 상황인 거야. 대개는 이 관계의 끈을 쉽게 놓지 못한단다. 그러다 결국 죽음의 문턱에 이르게 되는 것이고.

엄마는 학교 폭력 피해 학생들을 매 맞는 여성들의 사례와 연계해서 예방책을 한번 생각해봤어. 매 맞는 여성들을 지켜주는 보호소가 여러 군데 있다는 건 알지만, 만일 엄마가 그런 여성들 입장이 된다면 과연 그곳에 손을 내밀게 될까? 솔직히 확신이 서질 않아. 자신의 고통스러운 내면 이야기를 입 밖으로 꺼내기까지는 정말 굉장한 용기가 필요한 법이니까. 그다음엔 무슨 일이 벌어질까? 아마도 법의 심판이 이어지겠지. 집으로 돌아온 뒤 남편은 아내가 자기를 고소했다는 사실을 알게 될 거야. 그럼, 남편은 죽이겠다고 협박하면서 더 세게 때리겠지.

학교에서 괴롭힘을 당하는 일도 마찬가지야. 가해 학생들은 쥐도 새도 모르게 죽여 버리겠다는 협박으로 아이들을 옭아매지. 선생님에게 들키면 장난 친 거라며 빠져나갈 테고. 그 애들은 장난일지 모르나, 마리옹 너라면 잘 알 거야. 정말로 죽음의 위협이 느껴진다는 걸. 너 같은 모범생들은 모든 걸 진지하게 받아들이게 마련이야. 행복은 물론 불행의 위협까지도.

예방만으로는 분명 충분하지 않을 거야. 하지만 필요한 일이긴 해. 현재 아이들을 대상으로 캠페인을 진행하고 있는데, 대충 시간 때우는 수준이야. 아이들을 한 시간 정도 영상물 앞에 붙들어놓고 짤막한 토론을 시킨 다음 집으로 돌려보내는 게 전부니까. 심도 있는 토론은 거의 불가능해 보여. 학교 괴롭힘 문

13_ 학교 밖으로 끄집어낸 이야기

제에 진지하게 접근하는 것 같지도 않아. 학생들에게 '학교에서 괴롭힘을 당한 경험이 있느냐'고 물어보지도 않는데. 하긴 그런 경험이 있더라도 누가 공개적으로 이 사실을 밝히겠니? "네, 있어요. 다른 애들이 괴롭혀서 많이 힘들어요." 이렇게 말하는 피해 학생은 아마 없을 거야.

아이들 간의 괴롭힘도 일종의 폭력이야. 괴롭힘은 대개 반복적으로 행해지는 심리적 폭력에 해당되지. 놀림당하기 일쑤지만 그렇다고 맞거나 하진 않는다면, 다시 말해 물리적인 폭력을 당하지 않는다면 아이들은 자신이 폭력의 피해자라는 사실을 쉽게 인지하지 못한단다. 따라서 표현을 정확하게 사용해야 할 필요가 있지.

'인터넷상에서의 괴롭힘' 같은 경우도 전화 상담소가 설치돼 있는데, 얼마 전부터는 익명에 무료로 통화할 수 있도록 서비스가 변경되었단다. 학교 폭력 및 교내 괴롭힘 행동 예방을 위한 캠페인 차원에서 배포되는 동영상은 엄마가 보기엔 좀 문제가 있는 것 같아. 일단 기본적으로 모든 학부모들이 엄마처럼 자녀와 함께 찬찬히 이 동영상을 봤으면 좋겠는데, 아마 보고 나면 엄마처럼 한 가지 사실을 깨닫고 놀라게 될 거야. 영상 속에 어른이 전혀 등장하지 않기 때문이지. 영상 속에 어른이 없다는 건, 어른들이 이 문제를 아이들 문제로 여긴다는 뜻 아니겠니?

학교 폭력 및 교내 괴롭힘 같은 문제를 도외시하는 분위기가 사회 전반에 만연해 있다는 의미이기도 할 거야. 아이들을 보호해 줘야 할 어른들의 의무를 내던지고 있는 셈이지.

네가 떠나고 난 뒤 엄마는 이 영상들을 다시 한 번 돌려봤어. 지나치게 한쪽으로 몰고 가는 경향이 있더구나. 피해 학생들은 대부분 '뚱뚱한 아이'이거나 '성적으로 조숙한 아이'였어. 하지만 이것이 괴롭힘을 당하는 이유의 전부는 아냐. 대개 아이들은 어느 한 부분만을 꼬집어서 놀리지는 않아. 그냥 상대방의 모든 걸 다 문제시하며 놀리는 거지.

교육부의 동영상에는 (너의 경우처럼) '꽃뱀'이니 '걸레'니 하며 놀림을 당하는 한 여학생이 등장해. 내용을 보면 가해 학생들이 운동장에서 피해 학생을 괴롭히고 있어. 그런데 선생님이나 교내 감독관 같은 어른들 모습은 보이질 않더구나. 교실도 마찬가지였어. 선생님의 모습은 그 어디에도 없었어. 말하자면 어른이 존재하지 않는 세계였어. 어른의 보호막이 작용하지 않는 세계를 보여주는 것 같았어. 길 한복판이나 널찍한 강당 같은 곳에 학생들을 섞어놓고 '늬들끼리 알아서 하렴'이라고 말하는 것 같았단다.

이 캠페인 영상에는 "침묵의 계율을 깨야 합니다!"라는 메시지가 반복적으로 나왔어. 그건 이 캠페인의 슬로건이었어. 난 아

13 _ 학교 밖으로 끄집어낸 이야기

이들을 책임지는 선생님들부터 이 침묵의 계율을 깨야 한다고 생각해. 학생 한 명이 괴롭힘을 당하고 있는 상황에서 손가락 하나 까딱 않는 동료를 보았다면, 여기에 동조하지 말고 교사로서 해야 할 일을 실천하는 게 옳지 않을까? 선생님이라면 이 어처구니없는 참극 앞에서 지원을 호소해야 하는 거잖아. 이와 관련된 전화 상담소를 설치하고, 상담실을 만들어달라고 요구해야 하는 것 아닐까? 피해 학생을 데리고 경찰서로 갈 수 있는 권한을 달라고 제안해야 하는 것 아니냐고? 하지만 영상에는 이러한 내용들이 전혀 나오지 않았어. 해결책에 대한 고민이 없다고나 할까?

침묵을 깨야 할 사람은 학생이 아니야, 마리옹. 너도 알다시피 상황에 개입하여 크게 목소리를 내줘야 하는 건 바로 어른들이란다. 안 되는 건 안 된다고 딱 부러지게 이야기해주고, 잘못하면 가차 없이 처벌을 받는다는 얘기를 해줘야 하는 게 바로 어른들의 역할이 아닐까?

말로만 이렇게 떠벌려서는 아무 문제도 해결할 수 없어. 이런 식의 집단의식을 깨우는 것도 아직 익숙지 않은 상황에서, 겉으로만 이런 주장을 내세워서는 안 돼. 그래서 네 아빠와 나는 우리부터 그 침묵의 계율을 깨버리기로 결심했단다. 학교는 우리의 행보를 막아섰지. "그만두고 가서 일이나 하세요. 우리를 좀 가만 내버려두시라고요." 이렇게 나오는 학교 측에 우리는 먼저 너의 반을 바꿔달라고 말함으로써 침묵의 계율을 깨버렸단다. 학교 측은 우리가 알아서 할 테니 신경 쓰지 말라는 식으로 답을 주더구나. 그리고 네가 자살하고 난 뒤, 우리는 다시 한 번 침묵의 계율을 깨부수려 노력했단다. 그랬더니 이번에는 "별의별 말을 다 하고 다니시네요. 정말 학교에선 아무 일도 일어난 적이 없다고요"라는 식으로 대꾸하더구나.

마리옹, 너 또한 죽기 전에 용기를 내어 이 침묵의 계율을 깨고자 노력했지. 한 글자 한 글자 힘겹게 편지를 써내려가고, 네가 겪은 일들을 적어두고 갔으니까. 심지어 미안하다는 말까지 덧붙였더구나. 너는 아이들 이름을 알려주고 갔어. 아이들이 널 욕하는 수준이 도를 넘어섰다는 이야기도 잊지 않았지. 그런데도 학교는 절대 그런 일이 일어나지 않은 양 굴고 있어. 교장이 다른 학부모들한테 뭐랬는지 아니? 글쎄 네가 집안 문제로 자살했다고 하더래.

네가 살아 있을 때에도 사람들은 네 말에 귀를 기울이지 않았고, 네가 죽은 다음에도 사람들은 네 이야기에 귀를 막고 있단다. 네 편지 같은 건 어디에도 없는 것처럼 굴었지만, 너는 분명 "내 마음속에 있는 말을 모두 다 내뱉을 수는 없었지만, 지금은 그렇게 할래. 더는 내 심장이 뛰지 않더라도"라고 말했지. 하지만 사람들은 네 심장 '따위'엔 관심이 없어. 네 심장이 더 이상 뛰지 않게 되었는데도 다들 전혀 아랑곳하지 않더구나.

그래서 엄마가 분통을 터뜨리는 거야. 학교가 너를 무시하고, 너의 가족인 우리를 무시하고 있다는 생각이 들 때면 정말 화가 치밀어 올라. 네가 학교에 있든 없든 아무 상관없다면, 이 사람들은 도대체 왜 학교에서 아이들을 돌보고 있는 거니?

넌 만면에 웃음을 띤 채 당당하게 입학해서 죽은 채로 학교를 벗어났어. 그런데도 학교는 너를 애도하는 말 한마디 없구나. 정말 아무런 반응도 보여주지 않았지.

그래서 엄마는 교육부가 벌이는 홍보 캠페인이 다 부질없는 것처럼 느껴져. 발생 건수는 오히려 늘어났거든. 이처럼 수치만 보더라도 상황이 더 심각해졌음을 알 수 있는데, 이 말은 곧 정부의 예방 정책이 효과를 거두지 못했음을 뜻한단다. 전보다 실태를 더 잘 파악할 수 있어서 교내 폭력이나 괴롭힘의 발생 건수가 더 늘어났다는 변명을 늘어놓을 수도 있겠지만, 딱히 납득하긴 힘들어.

최근에 보고된 공식 조사 결과에 따르면, 응답한 학생들 중 10.1퍼센트가 교내에서 괴롭힘을 당한 적이 있다고 밝혔어. 다소 심각한 수준으로 괴롭힘을 당한 아이들의 비율도 7퍼센트나 됐단다. 이는 곧 학생 여섯 명 중 한 명꼴로 학교에서 괴롭힘을 당하고 있다는 말이야.

이는 정말 어마어마한 수치란다. 1,200만 취학 인구 가운데 10퍼센트면 약 100만 명 이상의 아이들이 고통을 받고 있다는 얘기야. 학교에 가서 열심히 공부하기보다는 혹여 다른 친구들의 짓궂은 장난에 발이 걸려 넘어지진 않을까 걱정하고, 놀림을 당하진 않을까 노심초사하며 한숨을 쉬는 아이들의 수가 그만큼 많다는 말이지. 그 가운데 절반이 모욕과 수모를 겪었다고 말했어. 또 짓궂은 별명으로 속상해하던 아이들이 39퍼센트, 몸싸움을 겪은 아이들이 36퍼센트, 따돌림을 당한 아이들이 32퍼센트, 교실에서 모범적으로 행동했다는 이유로 조롱거리가 된 아이들이 29퍼센트, 구타를 당한 아이들이 19퍼센트, 성추행이나 강제 입맞춤을 당한 아이들이 5퍼센트였어.

에릭 드바르비외 씨에 따르면, 중학생 가운데 15퍼센트가 괴롭힘을 당했고 모범생 가운데에는 무려 40퍼센트의 아이들이 괴롭힘을 당하고 있대. 이 말은 곧 열한 살과 열여섯 살 시기에 괴롭힘 현상이 집중된다는 뜻이야. 학교에서의 모든 위험이 도사리고 있는 때가 바로 이 시기지. 유니세프 프랑스가 2014년 9월에 발표한 보고서에 따르면, 15세 이상 가운데 31퍼센트가 중학교나 고등학교에서 괴롭힘을 당한 적이 있다고 말했대. 응답한 학생들 중 16퍼센트는 인터넷상에서도 집단 괴롭힘을 당했다고 호소했어.

이와 관련해서도 할 이야기가 있는데, 신임 교육부 장관으로 임명된 나자트 발로 벨카셈(Najat Vallaud-Belkacem)은 2014년 9월 신학기가 시작된 뒤, 유니세프의 이 똑같은 조사 결과를 인용하면서 '학교에서 안전하다고 느끼는 아이들의 비율이 늘어났다'며 좋아하더구나. 86퍼센트의 아이들은 학교생활에 만족하고 있을지 몰라도 14퍼센트의 아이들은 여전히 불안에 떨고 있는데, 어떻게 대놓고 좋다는 표현을 할 수 있는 거니? 엄마 계산이 맞는다면, 14퍼센트에 해당하는 아이들의 수는 무려 170만 명에 달한단다.

또 다른 공식 자료에 따르면, 프랑스의 학생들 가운데 40퍼센트가 사이버 괴롭힘을 당한 적이 있다고 대답했다는구나. 즉 프랑스 학생 10명 중 4명은 온라인상에서 친구들 때문에 위압감을 느낀 적이 있다는 거야. 2011년에 페이스북과 교육부 사이에 협력 관계가 체결되긴 했지만, 재범의 가능성이 높은 경우에만 개입을 하도록 되어 있었고, 그로 인해 계정이 폐쇄된 경우도 2년 동안 50여 건 정도밖에 되지 않았을 것으로 추정된단다.

먼저 우리 모두는 학생들 사이에서 집단 괴롭힘 현상이 왜 발생하는지에 대해 고민해봐야 해. 엄마 생각에는 학교 안에서 친구를 괴롭히고 따돌려도 처벌을 받지 않을 걸 알기에 그런 행동을 하는 것 같아. 이를 단순히 반항적인 청소년기 학생들의 집단행동으로 치부하고 넘어가서는 안 되겠지.

아이들에게 환멸을 느끼는 선생님들의 수가 점점 더 많아지고, 이 때문에 학교 안에서는 아이들의 잘못된 행동들을 눈감아주고 넘어가는 일이 너무도 많은 것 같아. 이는 개인 차원에서 해결될 일이 아니야. 물론 훌륭한 선생님들도 계시지. 책임자에 대한 문책이 제대로 이뤄지지 않고 행정 당국의 안이한 대처에 아이들의 집단주의까지 더해지면, 결국 모든 게 총체적 난국이 돼버리고 말 거야.

그래, 도를 넘어서는 장난질을 해도 괜찮다고 생각하는 학생들이 의외로 많아. 하지만 선생님들은 대개 '나 혼자서 뭘 어쩌겠느냐'고 생각하지. 훈육이 이뤄지는 경우도 별로 없고, 제재는 극히 드물게만 이뤄질 뿐이니까.

한 아이가 정상적인 학교생활을 지속하기 힘들 정도로 또래 친구들로부터 부당한 대우를 받는다면, 교실에 들어가기도 싫고 학교를 떠날 생각만 하고 있다면, 이 경우 아이는 두 가지 해결 방안을 생각해낼 수 있어. 첫 번째는 다른 아이들의 적이 되는 걸 감수하고서라도 자신의 불평을 토로하는 거야. 두 번째는 그냥 입 다물고 조용히 지내는 거지. 이 아이는 마리옹 네가 선택했던 것과 같이 자살이라는 방식을 통해 현실 도피를 시도할 가능성이 커. 학교에 등을 돌리고 모든 걸 내려놓는 거야. 원인을 알 수 없는 이 시대의 재앙 정도로 치부하는 척하면서.

마리옹, 너도 그렇게 모든 걸 내려놓는 길을 택했어. 지나치게 올바른 모범생이었던 너는 시간 낭비를 하려 하지도 않았고, 우리를 실망시키려 하지도 않았지.

학교 괴롭힘의 결과는 늘 피해 학생이 떠나는 걸로 끝나. 애꿎은 피해 학생의 부모만 사립학교를 찾아보려 애쓰거나 새로 이사 갈 집을 알아봐야 하는 신세가 되고 말아. 가해 학생을 피해 다른 동네나 대도시로 전학을 가는 셈이지. 말하자면 네가 열심히 일해 번 돈으로 집세를 내고 사는 집이 있어. 그런데 불량스런 동네 아이들이 네 집 앞에서 마약을 팔거나 구석진 곳에 모여 담배를 피워대는 거야. 더 고약한 건 네 아이들을 물들이려 한다는 거지. 자기네처럼 행동하지 않으면 네 애들을 놀리거나 괴롭히기도 해. 결국 넌 참지 못하고 이사를 결정해. 그 애들과 무관한 곳을 찾아 멀리 떠나버리고 마는 거지.

마리옹, 너는 너무도 반듯한 아이였어. 만일 네가 올곧지 않은 행동을 하고 다녔다면, 아마 엄마는 학교에 불려갔을 테지. 비록 며칠간이었지만, 죽기 직전에 넌 '나쁜 아이'가 되기 위해 온갖 노력을 다했던 것 같아. 나쁜 애들과 어울려 다니며 비행을 저지르고 나면 적어도 '고자질쟁이'라는 말은 안 들어도 됐을 테니까. 정말 그런 거니?

네가 감춰두었던 생활 기록 수첩을 보면서 엄마는 너의 이중 생활을 엿봤어. 넌 수업 시간에 지각하고, 선생님 앞에서 말대꾸를 하거나 거짓말을 꾸며대곤 했었지. 학교에서 경고 조치를 받아도 할 말이 없는 행동들을 했던 거야.

엄마가 화가 나는 건, 갑자기 네 행동이 많이 달라졌는데도 학교 측이 우리에게 알려주질 않았다는 거야. 2013년 4월 15일에 교장을 만났을 때에도 이 이야기를 했었어. 네가 지각을 자주 했는지 묻자 교장은 아니라고 대답했어. 네가 선생님들 앞에선 태도를 바꾸었던 걸까? 글쎄, 그건 아닌 것 같아. 교장은 네가 죽기 전 마지막 몇 주 동안 우리 대신 서명해간 문제의 수첩에 적혀 있던 내용과 정반대되는 주장을 계속 펼쳤어.

그 사람이 무슨 이야기를 하건 간에, 너는 네 나름의 방식으로 탈출하는 것만이 문제를 해결할 수 있는 최선이라고 생각했겠지. 하지만 네 선택은 최악이었어.

어떤 경우에는 초등학교 때부터 괴롭힘을 당하기도 한단다. 뚱뚱하거나 키가 작은 아이들, 피부색이 다른 아이들, 말이 서툰 아이들, 이가 비뚤게 난 아이들이 주된 표적이 되지. 너처럼 안경을 쓰고 있다는 이유로 '공부벌레' 취급을 받거나, '바보 멍청이' 같은 험한 말을 듣는 아이들도 있어.

중학교에 들어가면 그때부턴 많은 게 달라지지. 이 시기에는 여러 성향의 아이들이 한데 섞이는데, 공부를 열심히 하려는 아이들과 공부를 잘하지 못하는 아이들, 활동이 많은 아이들과 수다스러운 아이들, 집중력이 떨어져 산만한 아이들이 모두 한 공간에 섞여 있어. 중학교 4학년쯤 되어야 전반적으로 차분하고 통일된 반 분위기가 형성되지. 그때가 되면 저마다의 취향과 성향, 각자의 자질과 역량에 따라 나뉘는데, 그 전까지는 '중학교'라는 울타리 안에서 기질이 제각각인 아이들이 뒤죽박죽 한데 섞여 지내지.

그러던 중 네 손에 갑자기 휴대폰이 쥐어지고, 네 앞에는 인터넷 세상이 열렸어. 왠지 세상에 맞서 뭐든 할 수 있는 힘이 생긴 것 같기도 하고, 못할 게 아무것도 없는 어른이 된 것 같은 느낌도 들었겠지. 모니터 화면 너머에서 너는 새로운 이름으로 활동하며 네가 원하는 것들을 하고 다녔어. 남녀 정치인들에게 험한 말을 던지는 어른들처럼 악성 댓글(악플)도 퍼부었지. 인터넷은 자동차랑 조금 비슷해. 핸들만 잡으면 미쳐 날뛰는 사람도 있고, 일종의 무기처럼 작용하기도 하니까.

올해 초, 엄마는 당황스런 경험을 했단다. 사람들은 마리옹 네가 페이스북 계정을 갖는 걸 허락지 않은 우리의 태노에 쇄 놀라는 눈치더구나. 네 또래 다른 아이들은 거의 다 페이스북 계정이 있다면서. 의아하다는 듯이 엄마에게 그 이유를 물어오기도 하는데, 그럴 때면 엄마도 꽤 당황스러워. 정작 사람들이 놀라워해야 할 일은 중학생 딸아이에게 페이스북 계정을 열어주지 않는 우리의 태도가 아니라, 그걸 당연시하는 이 사회의 분위기가 아닐까? 열세 살이 안 된 아이는 페이스북 계정을 개설하지 못하는 게 법인데, 이 법을 지킨 우리가 잘못한 거니?

만일 열다섯 살이 된 네가 엄마한테 와서 면허증 없이 운전대를 잡게 해달라고 부탁한다면, 그때도 엄마는 똑같이 안 된다고 말할 거야. 법에 열여덟 살이 되어야 운전을 할 수 있다고 명시돼 있으니, 단호하게 거절할 가야. 엄마도 어쩔 수 없어. 만일 네 운전 실력이 뛰어나다 해도 법에서 허용하는 나이가 아니라면 차를 몰아서는 안 돼.

그런데 어떻게 아홉 살짜리 아이가 페이스북 계정을 열 수 있었을까? 그건 회원 가입을 할 때, 아무 생일이나 집어넣으면 되기 때문이야. 그 어떤 통제도 이뤄지지 않고 있지.

그래, 문제는 바로 이거야. 아이들에 대한 통제가 제대로 이뤄지지 않는 것. 아이들은 아무 사진이나 골라서 프로필에 올려놓고, 하고 싶은 것들을 하며 돌아다닌단다. SNS상에서 아이들은 일 년 내내 가장무도회를 즐기는 셈이지. 그런데 우리 사회는 포식자 구조와 무관치 않다는 게 문제야.

13 _ 학교 밖으로 끄집어낸 이야기

게다가 원칙적으로는 학교 안에서 휴대폰을 사용하지 못하게 돼 있어. 분명 학교에 있었던 네 친구들이 너한테 문자 메시지를 보냈던 것도, 네가 학교 화장실에서 엄마한테 전화를 걸었던 것도, 원칙적으로는 말이 안 돼. 학생들의 페이스북에 학교 운동장이나 쉬는 시간 풍경을 담은 사진들이 올라와 있는 것도 원래는 있을 수 없는 일이지. 다들 규칙 따윈 상관하지 않는 거니? 이건 뭐, 하고 싶은 대로 하고 산다는 말밖에 안 돼. 학생들을 감독하는 어른들은 다 어디 있니? 학교 안에서 단속이 제대로 이뤄지지 않으니 규율이 있어도 지키는 아이가 없지.

엄마가 말하는 무관용 원칙이란, 단 한 번이라도 다른 학생을 괴롭힌 적이 있다면 이 내용이 기록으로 남게 된다는 거야. 그런 일이 두 번째 발생하면 학생부의 제재를 받고, 세 번째 발생하면 학교에서 퇴출되는 거지. 어른들 세계도 마찬가지야. 만일 엄마가 회의 중에 모두가 있는 데서 한 여자 동료를 대놓고 '바보', '걸레' 취급을 한다면 엄마는 인사부에 불려가 해고 통지를 받을 수도 있단다. 회사가 직원을 보호하는 거지. 그런데 어떻게 아이들보다 어른들이 보호를 더 잘 받을 수 있니? 이 상황이 믿기질 않는구나. 직장 동료나 배우자를 정신적으로 괴롭힐 경우 법적 처벌을 피해갈 수 없어. 그런데 최근까지도 학생들을 보호할 수 있는 법적 장치는 전혀 마련돼 있지 않더구나. 그저 놀라울 따름이야. 아이는 어른보다 더 연약한 존재인데도, 우리에게는 아이들을 지켜줄 방도가 없어.

그래도 2014년 8월 4일에 긍정적인 방향으로의 법 제정이 이뤄지긴 했었단다. 남녀 간의 실질적인 평등을 위한 이 법의 한 조항(제222-33-2-2조)에 따라 형법에는 '괴롭힘과 관련한 포괄적인 범법 행위'가 신설됐어. "반복적인 말이나 행동으로 타인을 괴롭히는 행위는 당사자에게 있어 생활의 질을 떨어뜨리고 심신의 이상을 초래할 수 있으므로 이 같은 행위는 1년 이상 3년 이하의 징역과 1만 5천 유로에서 4만 5천 유로 상당의 벌금형에 처한다"는 조항이 추가된 거야. 이 법조문은 SNS상에서의 일탈 행동도 문제 삼으면서 이를 '가중 사유'로 간주하고 있지. 마리옹, 너에겐 너무 뒤늦은 조치일지도 모르겠지만, 그래도 이렇게 조금씩 변화의 기운이 감지되고 있단다.

엄마는 교내 괴롭힘이 경범죄의 범주에 들어가서 그에 상응하는 제재가 이뤄지도록 해주는 명확한 법이 마련되길 바랐단다. 2014년 8월 4일 표결된 법조문을 보니, 법의 동기를 설명하는 글에서 '특히 학교 내에서 이뤄지는' 괴롭힘 행동에 대한 내용이 분명히 언급돼 있었지.

사실 마리옹, 2014년 11월 16일 국회 채널에 비친 교육부 장관의 모습은 꽤 실망스러웠단다. 한 여기자가 교내에서의 괴롭

13 _ 학교 밖으로 끄집어낸 이야기

힘이 범죄가 아니라는 사실에 유감을 표했는데도 교육부 장관은 대충 둘러대기만 했어. (2014년 8월에 제정된 법이 있으므로 이 여기자의 말이 틀렸는데도) 장관은 여기자의 질문 내용을 수정하지 않은 채 예방만을 운운하더구나. 자기는 법을 홍보하고 싶지도 않으며, 법 내용도 잘 모른다고 했어. 하지만 교육부 장관이 이 법을 몰랐을 리 없어. 여성인권부 장관으로 재직했을 당시, 나자트 발로 벨카셈 교육부 장관은 자신이 직접 성차별 반대 법안을 입안하면서 이를 진보적 법안으로 소개했단다. 이 같은 맥락에서 장관은 개정안에 찬성하는 쪽에 표를 던졌었지.

교육부 장관의 모습에 실망한 엄마는 교육부 홈페이지에 접속했단다. 법이 표결된 지 석 달이 지났는데도 홈페이지엔 반영돼 있지 않았어. 앞으로 학교에서 적용될 수 있는 이 새로운 범죄 행위에 대한 언급이 그 어디에도 없더구나. 장관이 교육부 내부에 보내는 신학기 공문에도 이 내용은 없었어. 이 사람들이 과연 개정법의 내용에 대해서 알고는 있는지 궁금해지더구나.

법은 분명 필요한 조치였어. 학교에서 일어나는 모든 일들을 교장에게만 맡겨두면 문제가 잠잠해질 가능성은 줄어들 수밖에 없어. 대부분의 교장들은 학교에 문제가 있다는 걸 외부에 알릴 생각이 전혀 없거든. 교장의 성과급이나 승진은 학교가 얼마나 잘 유지되고 있느냐에 따라 달라지는 법이니까. 하지만 괴롭힘을 당하는 피해 학생의 수를 줄인다거나 가해 학생을 떨어뜨려 놓고 적절한 조치를 취하고 있는지 여부를 교장의 임무로 정해 놓으면, 이는 성과급을 받을 수 있는 요건이 될 수도 있단다. 일반 직장에서처럼 말이지.

만일 엄마가 학교 교장이고, 엄마가 운영하는 학교에서 학생들 간 괴롭힘 문제가 수면 위로 떠오른다면 엄마는 불이익을 받더라도 문제 해결을 위해 노력할 거야. 괜히 밉보여 욕을 먹을 수도 있고, 그 때문에 승진이 늦어질 수도 있겠지. 또 성과급을 받지 못하거나 좌천되어 다른 학교로 전근 갈 수도 있을 거야. 교장이 사건을 축소하려 들거나, 아무 일 없다는 듯 다 괜찮다고 말하는 것도 그 때문이겠지.

2013년 4월 15일, 교장을 만났단다. 그때 우리를 받아준 교육청 관계자는 크게 한숨을 쉬며 이렇게 말하더구나. "이해가 안 돼요. 조용한 학교였는데." 엄마는 이 말에 소스라치게 놀랐단다. "지금 농담하세요? 내 딸이 죽었는데도 지금 조용한 학교라는 말이 나와요?" 이 사람들은 완전히 현실을 부정하더구나. 이들은 흔들림 없는 확신으로 똘똘 뭉쳐 있었어. '기밀 유지권' 뒤로 숨어서는 입을 굳게 닫았지. 엄마가 질문을 했을 때에도 다들 이 '기밀 유지권'을 내세웠으니까.

더 이상 사태를 외면하는 일은 없어야 해. 이젠 한 사람의 죽음을 직시하고 앞으로 나아가야 해. 엄마는 누군가가 죽어가는 모습을 볼 때 어떤 심경인지 잘 알아. 그리고 엄마가 겪었던 일을 다른 엄마 아빠는 겪지 않았으면 좋겠어. 지금부터는 엄마의 싸움이야!

14
폭력 없는 학교 만들기

"손을 내밀어요"

그저 막연하게 어린아이처럼 "학교에서 괴롭히는 일 좀 없어지게 해주세요"라고 소리만 지를 수는 없는 노릇이야. 교내 폭력, 집단 괴롭힘 등을 없애자고 외치는 건 좋아. 그런데 그다음엔? 뭔가 대안을 제시해줘야겠지? 그 해법을 찾기 위해 엄마는 최선을 다해 싸우려 해. 엄마가 할 수 있는 일은 다할 거란다. 신입생 환영회 자리에서 사망 사건이 일어났을 때, 세골렌 루아얄(Segolene Royal) 초등 교육부 차관(1997~2000년)은 이 비열하고 전근대적인 행위를 근절하기 위한 법안을 발의해 표결에 부쳤지. 이 일은 의지만 있다면 얼마든지 가능함을 보여줬어.

먼저 확실히 알아줘야 할 점은 이 문제가 단순한 학교 폭력과는 다르다는 거야. 엄마는 학교에서의 물리적 폭력 문제를 해결하자는 게 아니라, 교내에서 수없이 발생하는 학생들 간 괴롭힘 문제를 해결하려는 거야. 그러려면 표적이 된 학생들을 최대한 보호·감시해주는 체제가 이뤄져야 한다고 봐. 거리에서 친구들에게 괴롭힘을 당하지 않도록 지켜봐줘야 하고, 페이스북이나 문자 메시지로 괴롭힘을 당하지는 않는지도 확인해봐야해. 모든 방법을 총동원해서 학교 친구들에게 괴롭힘을 당하지 않도록 막아주는 거지.

괴롭힘 현상이 위험한 이유는 비단 학교 울타리 안에서만 일어나는 일이 아니기 때문이야. 괴롭힘을 당하는 아이는 이제 집에 와서도 편히 쉴 수 없고, 어디서든 마음 놓고 자유를 만끽하지도 못해. 이 경우 좋은 해결책이 없을까? 엄마는 아이의 형제자매나 부모님께 살짝 언질을 주는 것도 고려해볼 수 있는 방안이라고 생각해. 집에서만이라도 편히 쉬어야 할 것 아냐? 다시금 마음을 다잡고 기력을 회복하여 힘을 비축해두지 않는다면, 교실로 다시 돌아가는 일이 이 아이에겐 여간 힘든 일이 아닐거야. 시도 때도 없이 문자가 쏟아지고, 쉴 새 없이 페이스북 알람이 들어오며, 아이는 계속해서 괴롭힘에 시달릴 테니까. 경우에 따라서는 이 상황이 밤새도록 지속될 수도 있지.

"교육부는 모든 형태의 폭력으로부터 학생들과 임직원을 보호해야 할 의무를 갖고 있습니다. 여기에는 눈에 잘 띄지 않더

14 _ 폭력 없는 학교 만들기

라도 고통의 원인이자 훗날 벌어질 참극의 원인이 될 수 있는 일상적인 폭력도 포함됩니다."

2013년 개강 때 뱅상 페용 장관은 '학교 재건 계획' 차원에서 이와 같이 공식적인 정책 노선을 발표했었지. 2012년 11월 이후로는 예방 및 안전 담당 보조교사 500명이 새롭게 교내 인력으로 충원되기도 했어. 대체 이 사람들은 다 누구고, 어디에 있는 걸까?

이들의 모습이 눈에 띄지 않는 것도 알고 보면 크게 이상할 게 없단다. 전체 6만 4천여 개 학교에서 벌어지는 폭력 문제를 해결하기 위해 고작 500명 정도의 인력이 투입되어 1,200만 학생들을 지켜주겠다고 한 꼴이었으니 말이야. 정부의 안이한 문제 인식을 보여주는 대표적 사례였단다.

아이가 괴롭힘을 당하고 있을 때, 절대 아이 혼자 내버려둬서는 안 돼. 반에서 권력을 휘어잡고 친구들을 놀리는 나쁜 아이들 무리 앞에 감히 나서지 못하는 비겁한 친구들 앞에 방치해둬서도 안 되지. 누구 한 명이 죽어나갈 때까지 기다렸다가 사후 약방문 식으로 움직여서도 안 되고. 화재가 발생하면 불을 끄는 게 당연하지만, 그보다 중요한 것은 화재가 발생하지 않도록 사전에 예방하는 거란다.

공공장소에 무인 단속 카메라를 설치해서 흡연자를 적발하는 것처럼, 학교에도 이런 장비를 설치해서 친구들을 괴롭히는 아이들이나 괴롭힘을 당하는 아이들을 감시하는 것도 학교 괴롭힘 문제를 해결하는 방법이 될 수 있을 거야. 여기에 화재 발생 시 가동되는 사이렌 경보도 함께 실시하면 좋겠지.

현재 학교에서 아이들을 돌보는 선생님들이나 감독관들은 암암리에 일어나는 비극의 낌새들을 알아차리는 데 한계가 있어. 이와 관련된 교육을 이수한 전문 인력을 학교에 배치하는 건 어떨까? 가령 보건 교사가 아이들을 면담해서 요즘 학교생활이 힘들지는 않는지, 버티기 힘든 상황은 아닌지 알아보는 거야. 그러려면 속마음을 털어놓도록 부추기는 기술이 필요하겠지. 또 청소년 시설에 당직실을 설치하여 아이들을 관리하게 할 수도 있어. 무엇보다 모든 선생님들을 대상으로 제대로 된 교육을 실시해야 해. 아울러 문제의 심각성을 인지하게끔 만들어야 해. 다양한 방식으로 나타나는 갈등 양상을 보고 문제를 적발할 수 있도록 선생님들을 지원해줘야겠지. 체육 선생님들처럼 일부 아이들의 취약한 상태를 잘 간파해낼 수 있는 위치에 있는 선생님들도 계시잖아. 문제가 있는 곳에는 분명 무언가 신호가 있을 것이고, 이를 알아내는 게 중요해.

교내 괴롭힘 현상은 보통 신체적 폭력과 정신적 폭력 두 가지로 나타난단다. 신체적 폭력의 경우에는 아이들을 주의 깊게 살펴보기만 한다면 그리 어렵지 않게 적발해낼 수 있어. 대개 구타나 물건 투척, 위압감을 주는 행위나 위험한 놀이 등으로 나타난대. '지옥의 다리(Petit Pont Massacreur)'* 같이 명백한 집단 린치 행동임이 분명한 놀이 방식이나, 따귀 때리는 모습을 휴대폰 동영상으로 촬영한 뒤 곧바로 인터넷에 유포하는 '해피 슬래핑(Happy Slapping)'이라는 어이없는 놀이 방식 등이 이에 해당하지. 그런데 정신적 폭력은 이야기가 조금 더 복잡해. 모욕이 반복적으로 행해지고, 고의적인 따돌림이 이뤄지며 위협과 협박을 휘두르는 가운데 음해성 루머를 퍼뜨리는 경우가 이에 해당하지. 물론 가해 학생이 신체적 폭력과 교묘한 심리적 압박을 동시에 가할 수도 있어.

마리옹, 분명히 말하건대 중학교 안에는 온갖 위험이 도사리고 있어. 유치원이나 초등학교에서는 담임선생님의 지휘 하에 하루의 모든 일과가 이뤄지기 때문에 무언가 행동 변화가 있을 경우, 선생님은 곧바로 이를 눈치 챌 수 있지. 식당까지 따라가서 아이의 행동을 지켜봐줄 수도 있고, 수업과 수업 사이의 쉬는 시간이나 하굣길도 함께할 수 있어. 매순간 아이와 함께 지내는 유치원이나 초등학교 담임선생님은 아이가 혹여 다른 아

• 어떤 사람의 다리 사이로 물건을 통과시킨 뒤, 물건이 다리를 통과하고 나면 모두가 이 사람에게 달려들어 발길질과 주먹질을 하는 과격하고 폭력적인 놀이. - 옮긴이

이들과 어울리지 못하고 혼자만의 세상에서 사는 건 아닌지 바로 확인할 수 있단다. 아이가 식사를 제대로 하지 않거나 제대로 놀지 못할 때에도 바로 알아채 적절한 조치를 취할 수 있지.

반면 중학교에서는 매시간 담당 선생님이 달라져. 어떤 경우에는 2주 동안이나 같은 선생님을 못 볼 수도 있어. 선생님이 아무리 의지를 갖고 아이들을 챙겨주고 싶어도 상황이 여의치 않을 때가 많은 거지. 중학교의 학제 구조상 선생님은 수업과 수업 사이에 벌어지는 일들에 대해 모를 수밖에 없어. 운동장이나 복도에서, 식당에서 일어나는 일들도 알 수가 없지. 탈의실에서 벌어지는 일들은 더더욱 모를 수밖에 없어. 마리옹 너도 체육 선생님이 들어갈 수 없는 이 사각지대에서 반 아이들에게 둘러싸여 위협을 받았더구나.

초등학교의 상황이라면 문제가 생기지 않도록 미연에 방지하고, 선생님이 아이들 곁을 지켜줄 수가 있어. 하지만 중학생 정도 되면 스스로 알아서 해야 할 일이 많아지겠지? 선생님들이 일거수일투족을 다 지켜봐줄 수는 없잖니? 다만, 2주에 한 번 정도는 선생님들이 각 학급 상황을 점검하는 시간을 갖는 게 좋을 것 같아. 선생님들끼리 서로의 생각을 늘어놓고, 각자의 견해를 주고받다 보면 문제 상황에 직면한 학생을 파악할 수 있는 가능성이 높아질 거야. 그러면 이 학생을 보다 잘 보호해줄 수

14 _ 폭력 없는 학교 만들기

도 있고, 필요한 경우 아이에게 도움을 줄 수도 있지 않겠니? 물론 아이를 괴롭힌 가해 학생들에게는 제재를 가하고 말이야.

엄마가 도무지 이해할 수 없는 건 규율을 위반하고 부적절하게 행동한 학생들을 엄격히 처벌하지 않고 그냥 내버려둔다는 점이야. 모든 인간 집단이 조화롭게 유지되려면 집단 내부의 규정이 제대로 지켜져야 한다고 봐. 그리고 누군가가 이를 감시해야겠지. 경우에 따라서는 규율을 느슨하게 풀어주는 것이 곧 힘없는 아이들을 약육강식의 법칙 앞에 대책 없이 노출시키는 결과로 이어질 수도 있어. 결과적으로 힘 있는 강자들이 공부도 열심히 하지 않고 수업 분위기만 흐리면서도 학급 내에서 권력을 휘어잡는 유감스런 상황이 빚어진단다.

규율을 강화하는 것과 더불어 타인에게 호의적인 시선을 보내야 할 필요성에 대해서도 주기적으로 인식시켜줄 필요가 있어. 학력이나 문화적·사회적 수준에 상관없이, 외모나 피부색과 무관하게, 개인적인 힘든 상황이나 저마다의 성격과 관련 없이, 우리는 주위의 모든 사람들을 호의적으로 바라봐야 해. 사람은 다 달라. 이러한 다양성은 우리 모두의 재산이야.

학교 내부에 전담 교사를 배치하여 아이들이 어른이나 교내 책임자의 도움을 필요로 할 때 활용할 수 있도록 했으면 좋겠어. 학생들 간의 코칭 시스템을 생각해볼 수도 있겠지. 그렇게 하면 집단 내부의 결속력도 더 강해질 거고, 집단의식도 더 강화될 수 있을 거야.

중요한 것은 학교 안에서 어른의 존재감이 더 커져야 한다는 점이란다. 교실 안에서도 실질적으로 어른의 존재감이 더 커져야 하고, 아이들 머릿속에도 어른들 중 누군가가 항상 자신들을 지켜보고 있다는 생각이 강하게 들어야 해. 교장선생님은 교무회의를 주재하고 매월 300유로의 보너스나 받으라고 학교에 있는 게 아니란다.

그래, 엄마는 바로 어른들에게 호소하고 있는 거야. 2010년 남아공 월드컵 때를 기억하니? 전 대회에서 준우승을 했던 우리 팀은 조별 리그에서 탈락하는 아픔을 맛봤지. 당시 프랑스 축구 국가대표팀 감독이었던 레몽 도메네크(Raymond Domenech)는 팀이 막장으로 치달아도 나 몰라라 했으며, 대표팀 내부에는 개인주의가 판을 쳤지. 게다가 선수들 중 한 명이 괴롭힘을 당하고 있었어. 미디어의 이목을 받고 인기가 많은 '훈남'*이라는 이유로 탈의실 안에서 놀림을 당한 거야. 그 뒤 신임 감독으로 부임한 디디에 데샹(Didier Claude Deschamps)은 최우수 선수들을 발탁하는 한편, 문제의 소지가 있는 선수들을 대표팀에서 제외했지.

• 보고 있으면 훈훈해지는 남자라는 뜻을 가진 신조어. ─ 옮긴이

그 결과 2014년 브라질 월드컵은 무사히 잘 치러냈단다. 선수들이 잘 싸워줬거든. 학교도 마찬가지야. 담임선생님들도 단체로 하는 스포츠 분야에서 여러 가지 면모를 배워야 한다고 생각해.

학교에서 지속적으로 괴롭힘을 당한 아이는 지독한 고독감에 사로잡혀 등교를 거부하려 들 거야. 만일 아이가 학교에 가기 싫다고 한다면 이유가 무엇인지 알아낸 다음 그 문제를 해결해줘야 해. 아이가 혼자 방 안에 처박혀 나오지 않거나 거식증 혹은 폭식증으로 병들어 가는데도 이를 방치한다면 크게 잘못하는 거야. 그건 분명 범죄 행위야. 아이가 공부에서 완전히 손을 떼려 하거나 자신의 도피처로 마약을 선택하려 할 때, 또 쓸모없는 인간이라고 심하게 자책할 때, 우울증에 빠져들 때, 이때를 어른들은 결코 놓쳐서는 안 돼. 외면해서도 안 되고.

학교 다니는 게 너무 힘들다고 자살한 아이가 생긴다면, 그건 곧 우리들 각자가 죽음을 맞이한 것과 같아. 우리 모두의 청춘과 우리 모두의 미래, 그리고 이 나라 전체가 죽은 것이나 마찬가지지. 학교 안에서 아이들이 서로 헐뜯거나 특별한 이유 없이 친구를 괴롭히는 일이 자행되고 있음을 알면서도 어른들이 두 손 놓고 바라본다면, 과연 우리가 학교의 합각머리 벽면에 '자유, 평등, 박애'라는 프랑스의 기치를 새겨넣을 수 있을까?

네 아빠와 나는 '자유, 평등, 박애'라는 프랑스 혁명의 정신을 네 동생 클라리스에게 가르쳤단다. 밥티스트가 더 커서 이 내용을 이해할 수 있게 된다면 당연히 이 아이에게도 가르칠 생각이야. 우리는 학교생활을 잘해야 앞으로의 인생도 잘 살아갈 수 있다고, 수없이 반복했지. 학교생활을 잘하는 것이 곧 스스로 가치 있는 인간이 될 수 있는 지름길이라고 가르쳤어. 엄마가 어렸을 때에는 학교생활을 잘한다는 건 곧 성적이 좋다는 의미였단다. 하지만 요즘 아이들은 학교생활을 잘한다는 의미를 마치 클럽 메드에서 벌어지는 싱글 파티에서처럼 친구가 많은 인기인이 되는 것으로 알더구나.

부모로서 자기 자식에게 스스로 옳다고 믿는 가치들을 주입시키려고 할 때, 번번이 발목을 잡는 게 있단다. 우리도 여러 가지 장애물에 부딪혔었지. 텔레비전도 그중 하나였어. 일부 영미권 드라마는 굉장히 위험한 행동에 심취해 있는 청소년기 아이들의 모습을 곧잘 비춰주더구나. 거기엔 피임하지 않고 성관계를 갖거나 문란한 성생활을 즐기는 아이들도 있었고, 술과 마약에 손대는 아이들도 등장했지. 그렇게 스스로를 돌보지 않은 채 젊음을 탕진하는 내용이 대부분이었어. 이런 드라마에 나오는 여자아이들은 또 어떻고. 그 애들은 '캉캉춤' 실력을 서로 겨루거나 누가 제일 예쁘고 누가 제일 못생겼는지 외모 순서를 매기곤 했어. 이 말은 곧 공부나 성적은 아이들 사이에서 그리 의미

14 _ 폭력 없는 학교 만들기

있는 관심사가 아니라는 뜻이겠지.

지금의 아이들 사회에는 제대로 된 가치 기준이 정립돼 있지 않단다. 열세 살이 되기 전에는 페이스북 계정도 없었고, 다른 애들처럼 대마초도 피우지 않던 너는 아이들 사회에서는 실패한 인생과 다름없었지. 기억하니, 마리옹? 담배 연기를 피하기 위해 너한테 천식이 있다는 사실을 일깨워줘야 했던 일을. 그리고 너는 다른 아이들에게 있는 롱샴 가방이 네 손엔 없다고 해서 스스로를 아무 쓸모도 없는 무가치한 아이인 양 느꼈었지.

얌전한 공주님들은 '꽃뱀'이 되어버리고, 포르노 배우나 딴따라 가수들은 스타로 대접받으며 명품 브랜드의 뮤즈가 되는 세상이야. 인기 토크쇼의 초대 손님으로 등장해서 화려한 조명을 한 몸에 받기도 하지. 하지만 그게 곧 성공한 인생의 전부라고는 생각지 않았으면 좋겠구나.

엄마는 세상을 바꿔보겠다는 거창한 목표를 세우고 하나의 협회를 만들려 했던 게 아냐. 그냥 우리를 지지해주는 모든 이들의 후원과 더불어 엄마가 할 수 있는 만큼은 무언가 노력을 해보고 싶었어. 학부모나 학생들, 선생님들에게 몇 가지 아이디어 및 적절한 수단과 방법들을 제시함으로써 '아이들 간 괴롭힘'이라는 이 화근을 없애보고자 했던 거야. 이 화근이 결국 참

극으로 귀결되면, 정부 차원의 한 문제로 간주되고 말겠지.

엄마는 현실과 동떨어지지 않은 캠페인을 벌이고 싶어. 사람들의 상상력과 재능을 더욱 장려하기 위해서는 적절한 상들도 함께 제정하면 좋겠지. 너를 추모하는 의미에서 그 상의 이름은 '마리옹 프레스 상'이라고 붙이고 싶어. 희생양을 찾아다니는 아이들 무리를 처단하는 적극적인 정책을 추진하고, 여행이나 회의를 통해 교내 학생들 간의 결속력을 강화한 학교에 주는 상도 하나 신설하고 싶어.

학교와의 파트너십 체결은 물론이고 학생용 가구나 집기, 학용품 등을 제작하는 기업과 협력해 캠페인을 벌이는 것도 좋겠지. 중학생이든 고등학생이든 상관없이 모든 학생들은 교내 괴롭힘 반대 슬로건을 등에 걸고, 더 이상 친구들의 악행을 외면하지 않은 채 정의를 위해 행동하는 멋진 친구가 되는 거야. 획기적인 아이디어를 제시한 학생에게는 상을 줘도 좋을 듯해.

만일 괴롭힘을 당하고 있는 학생이라면, 일단 학교 관련 업무를 관장하는 학교 당국에 자신의 문제를 솔직히 털어놓는 편이 좋아. 그렇게 하더라도 이제는 고자질쟁이로 낙인찍히지 않을 거고, 교장선생님이 뒤에서 든든하게 지켜주실 거야. 물론 교내 폭력 및 괴롭힘 방지 단체들도 이 학생을 지지해줄 거고. 아동 심리학자들의 도움도 받을 수 있을 거야. 청소년들이 즐겨 들는 라디오 프로그램과 협력하는 방법도 괜찮을 거야. '솔리데이 (Solidays)' 같은 음악 축제를 조직해도 좋겠지. 요컨대 괴롭힘 행동을 아주 낡은 방식으로 치부하고, 그런 식의 행동이 무의미하다는 사실을 적극적으로 알려나가는 거야. 이는 굉장히 위험하고 유치하며 야만적인 방식이라는 사실을 아이들 뇌리에 조금씩 심어주는 거지.

가해 학생들의 경우에는 문제적 행동들을 가려서 이를 추궁하고, 규칙 위반죄를 적용하여 그 책임을 물어야 해. 죄 없는 친구를 집요하게 따라다니며 괴롭히고, 그걸 잘했다고 어깨에 힘 주고 돌아다니는 게 대체 무슨 의미가 있는 걸까? 그렇게 해서 얻는 즐거움이 뭐지? 오줌으로 영역을 표시하는 개들처럼 그것도 일종의 자기 영역을 표시하는 행동일까? 자기가 남보다 힘이 더 세다는 데에서 자부심을 느끼는 걸까? 남을 괴롭히면 자신이 굉장히 강한 사람처럼 느껴지기 쉬우나, 그건 다 허상이란다. 네다섯 명이 몰려들어 죄 없는 아이 한 명을 괴롭히는 건 사실 나약한 사람이라는 반증밖에 되지 않아. 비겁하고 비굴한 사람이라는 것을 증명해주는 셈이니까.

만일 엄마가 너희 학교 교장이었다면, 일단 조의를 표하고 진심으로 사죄했을 것 같아. 그런 다음 사표를 내고 학교를 떠나거나, 아니면 반대로 이 학교를 '괴롭힘 방지 캠페인' 시범학교로 만들고자 노력했겠지. 또 마리옹 네 사진을 크게 확대해 잘 보이는 곳에 걸어두었을 거야. 모두가 이 사건을 잊지 않도록 말이야. 경각심을 높이는 데 도움이 되겠지? 매일 그 사진을 보면서 정문 앞을 지나가는 사람들은 어떻게 하면 그런 황당한 일을 다 같이 바로잡을 수 있을지 고민하게 될 거야.

교장은 네게 조의를 표하기 위한 단 1분의 묵념 시간도 갖고 싶어하지 않았단다. 네가 죽은 그다음 날, "과거는 과거로 묻어두고 넘어가야죠. 인생 끝난 거 아니지 않습니까?"라는 망발을 내뱉은 사람이야. 다들 이게 무슨 구호라도 되는 양 똑같이 읊어댔지. 학생들이 나서서 1분간 묵념의 시간을 갖자고 졸라대지 않으면 안 될 상황이었어.

그래, 저들은 '인생 끝난 거 아니지 않느냐'고 말했단다. 하지만 끝나지 않고 계속된 건 바로 학교 안에서의 괴롭힘이었어. 한 여학생은 탈의실에서 큰 곤욕을 치렀다는구나. 여럿이서 그 여학생을 구석으로 몬 다음 라이터와 데오도란트 스프레이*로 협박했다나봐. 로맹도 머리채를 휘어 잡힌 채 바닥에서 질질 끌려간 적이 있었대. 학교 화장실에서 찍힌 것 같은 사진이 인터

• 몸에 뿌리는 땀 냄새 억제제. – 옮긴이

　　　　　　　　14 _ 폭력 없는 학교 만들기

넷에 올라와 있더구나.

몇몇 국가들은 학교 괴롭힘 문제를 매우 성공적으로 해결했단다. 핀란드의 경우, 결단력 있는 정책을 바탕으로 15년 사이에 괴롭힘 현상 발생 건수를 세 배나 줄였더구나. 스웨덴과 캐나다는 청소년의 위험 행동 비율을 줄이는 데 성공했고, 영미권 국가에서도 버락 오바마 대통령이나 데이비드 캐머런 총리 같은 국가수반들이 나서서 이 문제를 해결하려 노력했단다. 케이트 미들턴 같은 유명 인사들도 적극적으로 나서서 "나 역시 괴롭힘의 피해자였다"라고 용기 있게 밝혀주었지.

아무런 효과도 없이 말로만 그럴듯하게 외쳐대는 무의미한 발언들은 이제 그만두고, 이러한 외국 사례에서 영감을 얻어 새로운 대책을 마련해줬으면 좋겠구나. 학생들에게 "남을 괴롭히는 건 옳지 않은 행동이야"라고 설명하는 것만으로는 충분치 않아. 아이들에게 "그럼 못써. 앞으로도 계속 그런 짓을 한다면 벌을 줄 수밖에 없어"라고, 말로만 겁을 준 뒤 결코 행동으로는 옮기지 않는 것과 다를 바 없지. 문제를 일으킨 아이들을 강하게 처벌하지 않으면, 아이들은 계속해서 반항하며 어른들의 말을 전혀 듣지 않게 될 거야.

가장 최근에 교내 괴롭힘 방지 캠페인이 소개되었을 때, 교육부 장관은 이를 대대적으로 공론화하는 모습을 보여주었어.

그래, 거기까지는 좋다고 쳐. 하지만 그 당시 IT 부문을 맡고 있던 플뢰르 펠르랭(Fleur Pellerin) 장관은 관련 조치를 시행해줄 페이스북이나 구글 같은 기업들과 접촉하지 않았어. 왜 그랬을까? 청소년부 장관은 왜 본격적으로 사태 해결에 나서지 않은 걸까? 문화부 장관은 왜 이 문제에 관한 프로젝트를 기획해서 학교 측에 전달하지 않는 걸까? 25세 미만 인구의 사망원인 1위는 자살이라는 조사가 있어. 교내 괴롭힘으로 인한 자살도 적지 않지. 이 상황에서 사회부 장관은 왜 아무런 조치도 취하지 않는 걸까? 대통령은 왜 이와 같은 문제를 적극적으로 해결할 의지를 보이지 않을까? 정부 차원에서 다뤄야 할 이런 문제들을 어째서 교육부 혼자 다 떠맡고 있는 걸까?

2012년, 당시 교육부 장관이었던 뤽 샤텔(Luc Chatel)은 학교 폭력에 대처하기 위한 대대적인 홍보 캠페인을 시작했어. 그 뒤 2013년 11월 뱅상 페용 장관이 같은 연장선상에서 2차 캠페인을 실시했을 때, 우리 측 변호사는 《르 몽드(Le Monde)》의 요청에 따라 정곡을 찌르는 코멘트 하나를 날려주었단다.

"교육부가 현재 그와 같은 캠페인을 제안하고 있는 것은 잔인하리만치 모순적이라고 생각합니다. 페용 장관은 또 다른 비극을 피하기 위해 행정 조사를 시행해달라는 세 통의 서신을 받고도 별다른 반응을 보이지 않았죠. 회신을 주기는커녕 서신을 수령한 사실도 알리지 않았습니다."

알다시피 마리옹, 네가 떠나기 직전의 학교 상황을 알고 난 뒤 우리는 너무도 기가 막히고 분통이 터져 가만히 있을 수만은 없었단다. 가까스로 손을 내밀어준 사람들의 지지만으로는 부족했어. 우리는 너의 죽음이 대대적인 반응을 불러일으킬 만큼 충격적인 사건이라 생각했는데, 윗사람들 생각은 달랐나봐, 편지를 쓰고 집요하게 매달리며 거의 애원하다시피 한 뒤에야 비로소 엄마의 편지에 답장이라는 걸 해줄까 말까 하더구나.

만일 네가 여당 유력 인사나 유명 인기 스타, 장관 등의 딸이었다면 언론에서도 네 이야기를 훨씬 더 많이 다루고, 사람들도 더 많이 눈물을 흘려주지 않았을까 하는 생각을 엄마는 지울 수가 없어. 여교사 한 명이 죽으면 온 나라가 시끌벅적 난리가 나는데 네 죽음은 그렇지 못해서 마음이 아프더구나. 우리는 학생들 간 괴롭힘을 처벌하는 법을 표결해달라고 호소했어. 공개적으로 이 같은 의견을 표명했지만 안타깝게도 아무런 반응이 없었어. 우리한테 연락해 와서 지지 의사를 밝힌 국회의원이 어디 한 명이라도 있은 줄 아니? 정말 아무도 없었어. 엄마가 글을 쓰는 지금은 그 법이 만들어지긴 했지만, 이 사실을 아는 사람은 거의 없는 것 같아.

제도권의 높은 벽에 부딪힐 때마다 외롭다는 느낌을 많이 받았는데, 어쩌면 엄마가 학교나 교육청, 교육부, 정부에 너무 많은 것을 기대했는지도 모르겠구나.

심지어 이들 기관으로부터 답이 왔을 때에도 엄마 가슴을 후벼 파는 내용이 대부분이었어. 우리를 달래줄 수 있을 만한 인간적인 대우는 찾아보기 힘들었고, 네 사례를 넘어서서 교내 괴롭힘이라는 이 사태를 해결할 의지도 보이지 않았지. 그런 움직임이라도 있었다면 네가 남기고 간 편지는 물론 네 행동에도 일말의 의미가 부여될 수 있었을 텐데 말이야.

앞에서도 말했지만, 2013년 2월 19일 우리는 프랑수아 올랑드 대통령과 뱅상 페용 장관에게 편지를 보냈어. 우리가 쓴 첫 번째 편지였지. 네가 세상을 떠나고 엿새가 지난 뒤, 그 당시 우리가 갖고 있던 정보들을 그 편지에 세세히 적었단다. 네 동생들에 대해서도 언급했고.

우리에겐 다른 두 명의 아이가 더 있습니다. 우리는 이 아이들을 보호해야 할 책임을 지니고 있습니다. 우리는 이 아이들에게 '정부가 법적인 처벌 규정을 마련해줄 것이고, 우리를 도와 가해 학생들을 처벌해줄 것'이라고 확실하게 말해줄 수 있어야 합니다. 안이한 생각 때문이었건, 불의를 보고도 입을 열지 않았던 비겁함 때문이었건 마리옹을 죽음으로 몰고 간 이 아이들을 보호

막 안에 그대로 두어서는 안 됩니다.

우리는 이렇게 도움의 손길을 호소하며 편지를 마무리 지었
단다.

올랑드 대통령 각하 및 뱅상 페용 장관님, 우리의 아이들을 구
하기 위해 노력하는 것은 두 분의 의무이자 책임으로 알고 있습
니다. 마리옹의 경우에는 한 발 늦었지만, 다른 아이들에겐 아직
기회가 있습니다. 만일 이런 일이 또 다시 되풀이된다면 참으로
유감스러운 일이 아닐 수 없습니다. 하루 빨리 대처 방안을 마련
해주세요.

2014년 4월 10일, 엄마는 다시 한 번 대통령한테 청원서를
보냈어. 여성인권부 장관과 보건부 장관, 교육부 장관에게도
사본을 송부했지. 당시 교육부 장관이었던 브누아 아몽(Benoît
Hamon)은 석 달 뒤 회신을 보내주었는데, 냉랭하고 쌀쌀맞은 편
지 한 통을 보내준 게 전부란다. 그나마도 엄마가 대통령 비서
실과 장관 비서실에 수차례 전화를 해댄 끝에 받아낸 답변이었
지. 엄마는 이 사람들한테 너희 학교 교장의 만행에 대해서도
폭로했어. 자신의 상부 책임자에게 보낸 편지에서 그 교장이 엄

마를 '중상모략가'로 취급했다는 사실을 알게 됐다고 말이야. 이 말에 엄마가 얼마나 어이없고 기가 찼었는지 아니?

뿐만 아니라 학부모 자율 대표단에서 너희 반 대표로 뽑힌 어떤 엄마가 너희 학교 교장한테 지지의 뜻을 담은 편지를 보냈다는 사실도 알게 됐단다. 그 순간 배신감을 느꼈어. 학부모 대표단이면 응당 학부모 편에 설 거라고 생각했는데, 실상은 그게 아니었어. 하지만 우리를 가장 힘들게 했던 건 이 학부모 대표의 지지 의사에 감사 인사를 전한 교육청 측의 회신이었지.

네가 떠나고 1년 뒤인 2014년 봄에 보낸 그 청원서에서 엄마는 피해 학생의 보호자인 엄마를 음해하던 교장의 행태에 대해 낱낱이 언급했어. 너희 학교 교장은 교육부 장관과 교육청에 보낸 한 편지에서 엄마를 '방송 출연 욕심'을 가진 관심병 환자라고 모독하면서, 언론 인터뷰에서 말한 이야기나 진실을 추구하려는 엄마의 노력을 폄하시켰거든. 우리가 적극적으로 대처하기 시작하자 교육계는 똘똘 뭉쳐 자기네들 편을 옹호하고 나섰지. 그리고 우리를 적대시하며 비방하고 깎아내렸지. 이 내용을 고위 책임자들도 알아야 한다고 생각해.

자식을 잃고 실의에 빠진 우리는 지금 목숨을 걸고 힘겹게 싸우고 있습니다. 이 과정에서 누구 하나 도움의 손길을 내밀어준 적이 없습니다. 대통령 각하, 브누아 아몽 장관님, 발로 벨카셈 장관님, 마리졸 투렘 장관님, 그동안 교육계 관계자들이 보여준 이 모든 행태에 여러분도 동의하실 거라고는 감히 상상하고 싶지도 않습니다.

얼마 전, 수학자 세드릭 비야니(Cédric Villani)는 프랑스 앵테르(France Inter)* 방송에 출연하여 "교육 제도는 신뢰를 기반으로 구축해야 한다"라고 주장했단다. 정말 맞는 말이야. 하지만 이는 그저 공허한 바람일 뿐이야.

그래서 엄마는 직접 '마리옹 프레스 – 손을 내밀어요(Marion Fraisse – La main tendue)'라는 단체를 설립했단다. 자기네들끼리 똘똘 뭉쳐 입을 꼭 닫고 있는 기관에 맞서 싸우는 사람들, 우리처럼 버려지고 고립되고 좌절한 모든 사람들을 도우려는 마음에서 이 단체를 만들었지. 분야를 막론하고 누구에게나 조언을 제시하고 도움의 손길을 주고 싶어. 그래, 누군가가 손을 내밀어주길 그토록 바랐던 엄마가 먼저 손을 내밀기로 했단다.

• 프랑스 공영 라디오 방송. – 옮긴이

279

클라리스와 밥티스트에게

자식들 중 하나를 잃으면 이유 불문하고 부모는 그 뒤 몇 주간 모든 시간과 기력을 떠나간 자식에게만 쏟을 수밖에 없고, 머릿속에선 그 아이 생각밖에 떠오르지 않는단다.

만일 그 아이가 피해갈 수 있는 이유로 목숨을 잃었다면, 그리고 나 때문에 아이가 죽은 것 같다는 자책감이 들 때면 더더욱 그럴 수밖에 없지.

남아 있는 자식들 입장에서는 고통이 두 배로 가중될 거야. 클라리스와 밥티스트, 너희 둘은 네 누이를 잃은 슬픔에 더해 일시적으로는 부모의 사랑마저 잃은 것 같은 느낌이 들 테니까. 부모인 우리는 슬픔에서 헤어나지 못한 채, 고통에 허덕이며 모든 신경이 마비된 상태였어. 이 고통은 삶의 의욕을 모두 사라지게 만드는 감정의 블랙홀과도 같았지. 하지만 마리옹의 동생인 너희 둘은 앞으로도 계속 너희의 삶을 살아가야만 해. 이렇듯 우리 가족이 부당한 일을 겪게 되어 너희의 유년기가 잔혹한 시절로 기억되겠지만, 앞으로의 너희 삶은 아름다울 거라고 믿어. 우리도 그렇게 되도록 모든 노력을 다할 생각이야.

죽은 자식을 하나 두었다는 건 가족 중에 마약 중독자가 하나 있는 것과 비슷해. 이 사람을 뒤치다꺼리하느라 시간을 다 쓰게 되고, 이 사람 말고는 관심도 가지지 않게 되지. 하지만 네 아빠와 나는 절대로 너희를 잊어버리지 않았단다. 우리는 단 한 번도 너희를 사랑하지 않은 적이 없어. 그저 가끔씩 마리옹 사건을 처리하느라 정신이 멍해졌을 뿐이야.

남은 사람들도 챙겨야겠지. 부모를 귀찮게 하지 않으려고 잘 지내는 척하는 아이에게도 관심을 기울여야 할 거야. 조용히 쥐 죽은 듯 지내는 아이에게도 관심을 가져야 해. 얼마 전에 엄마가 본 사진 속에서 너희 둘은 너무도 슬픈 표정을 짓고 있었어. 눈가엔 그림자도 드리워져 있었지. 밥티스트, 고작 두 살밖에 안 된 너조차도 무언가 심각한 재난 현장을 지켜보는 아이처럼 진지한 표정을 짓고 있었어.

그리고 클라리스, 엄마가 컴퓨터 앞에 앉아 있을 때 네가 던지고 간 그 한마디를 결코 잊을 수 없을 것 같구나. 엄마가 변호사에게 메일을 보내고 있을 때였어. 넌 엄마에게 이 한마디를 남겼어. "여기엔 나랑 밥티스트도 있어요. 우리도 봐주세요."

그래, 다행히도 우리 곁엔 아직 너희 둘이 남아 있어. 너희 둘은 우리에게 너무도 소중한 존재란다. 너희가 곁에 있어서 정말 다행이야. 엄마 아빠는 너희 두 사람이 너무도 자랑스럽단다. 엄마는 바로 너희 둘을 위해 이 책을 쓰기로 결심했단다.

한 사람의 역사에서 모두의 역사가 시작될 수도 있다.

나는 이 책이 가정이나 학교에서, 혹은 그 외의 공간에서 대화와 토론을 이끌어내는 역할을 해주기를 바란다. 아울러 이 책이 우리 사회를 변화시킬 하나의 기폭제가 되어주길, 학생들 간의 괴롭힘 현상이 얼마나 심각한 수준인지 깨닫게 해주길 바란다. 앞으로는 교육계가 이 사태의 심각성을 깨닫고, 학교에 있는 우리 아이들을 안전하게 보호해줬으면 좋겠다. 교내 괴롭힘 때문에 스스로 목숨을 끊는 아이들이 너무도 많기 때문이다.

학교가 앞으로도 계속 존속하기 위해서는, 그리고 학교가 아이들의 성장이 이뤄지는 곳으로 계속 인식되기 위해서는 하루빨리 적절한 대처 방안이 마련되어야 한다. 이것은 '마리옹 프레스 – 손을 내밀어요'가 앞으로 이루어야 할 일이기도 하다.

사랑하는 큰딸 마리옹, 넌 내게 엄마라는 이름을 주었고, 우리가 부모로서 살게 해줬어. 너와 함께한 시간은 비록 짧았지만, 넌 우리에게 한없이 고마운 딸이었어.

엄마 뱃속에 있었던 시간을 포함하여 지난 14년간, 마리옹 너로 인해 우리는 무척 행복했단다. 막달에 너를 낳기까지 1999년 한 해 동안 엄마는 무려 13킬로그램이나 체중이 늘었어. 널 만나게 해준 행복의 무게였지. 너무도 착하고 아름다운 딸로 자라주어서, 마음이 너그럽고 재미난 딸로 자라주어서 고마워. 너무도 똑똑하고 바람직한 아이로 잘 자라주어 엄마는 고마울 따름이야. 너무도 좋은 아이였다는 게 문제였지만.

건축가를 꿈꾸었던 마리옹, 너는 우리 인생의 건축가였어. 네가 떠났다고 해서 너에 대한 사랑이 멈춘 것은 아니야. 조금 전에도 우리끼리 말했지만, 언젠가 때가 되면 엄마가 다시 널 만나러 갈 거야. 그때까지는 이곳에 남아 너를 위한 싸움을 이어가야겠지. 어려운 싸움이긴 하나, 내 귀여운 겨울 요정이었던 너의 죽음이 한낱 가십거리로 전락하게 내버려두진 않을 거야. 비록 네 심장은 더 이상 뛰지 않을지라도 말이야. 내 심장이 뛰고 있는 한 엄마는 널 위해 열심히 싸워나갈 거야.

내 남편 다비드와 사랑하는 내 아이들, 클라리스와 밥티스트에게 온 마음을 다해 사랑과 고마움을 전하고 싶어요. 그리고 사랑하는 내 모든 가족들, 그동안 고마웠어요. 지금은 마리옹 곁에 있을 아버지 어머니에게, 내 형제들 부부 모두에게, 마리옹이 너무도 그리울 내 조카들에게, 그리고 시아버지 시어머니에게도 이 자리를 빌려 고마운 마음을 전할게요.

내 진정한 친구들 역시 무척 고마워요. 나를 믿고 지지해준 직장 동료들, 그리고 클라리스를 돌봐주고 이제 앞으로는 밥티스트도 돌봐줄 유치원 선생님들과 초등학교 선생님들께도 뭐라 감사를 드려야 할지 모르겠어요. 아멜리아와 그 가족들, 성당의 모든 자원봉사자 분들께도 감사하다는 말을 전하고 싶어요. 여러분은 큰 힘이 돼주었어요.

또 원고 정리를 도와준 자클린(레미), 그리고 내 원고의 편집

자가 되어준 클라리스 코엔과 플로랑스 쉴탕에게도 감사의 마음을 전해요. 여러 가지 도움을 줘서 고마워요.

우리를 옹호해준, 세상에 둘도 없을 다비드 페르 변호사님, 우리 가족을 돌봐준 프랑수아즈 의사 선생님, 그리고 CMP 의료 팀에게도 감사를 표하며, 이 시련의 과정에서 우리를 지지해준 익명의 모든 사람들에게 애정을 담아 감사 인사를 드려요. 이 책은 여러분의 책이기도 해요.

마지막으로, 다양한 이유로 이 책을 선택해주신 모든 독자분들께 진심으로 감사드려요.

내 딸은 학교 폭력의 피해자입니다

열세 살 마리옹, 오지 않는 너를 기다리며

초판 1쇄 인쇄 2016년 12월 19일
초판 1쇄 발행 2016년 12월 26일

지은이 노라 프레스
옮긴이 배영란
펴낸이 이범상
펴낸곳 (주)비전비엔피 · 애플북스

기획 편집 이경원 박월 김승희 강찬양 배윤주
디자인 김혜림 이미숙 김희연
마케팅 한상철 이재필 이준건
전자책 김성화 김희정
관리 이성호 이다정

주소 우) 04034 서울시 마포구 잔다리로7길 12 (서교동)
전화 02)338-2411 | **팩스** 02)338-2413
홈페이지 www.visionbp.co.kr
이메일 visioncorea@naver.com
원고투고 editor@visionbp.co.kr

등록번호 제313-2007-000012호

ISBN 979-11-86639-41-2 03330

· 값은 뒤표지에 있습니다.
· 잘못된 책은 구입하신 서점에서 바꿔드립니다.

이 도서의 국립중앙도서관 출판예정도서목록(CIP)은 서지정보유통지원시스템 홈페이지(http://seoji.nl.go.kr)와
국가자료공동목록시스템(http://www.nl.go.kr/kolisnet)에서 이용하실 수 있습니다. (CIP제어번호 : CIP2016025463)